［第三版］

すらすら読めて奥までわかる

コーポレート・ファイナンス

内田交謹 ［著］

創 成 社

第三版 はしがき

　この原稿を執筆している2020年度は，まさにコロナに翻弄された年でした。毎年，国内外の多くの街に出張に出かけていたのに，今年度は出張どころか九州から外に出ることもありませんでした。閉塞感を感じる中でオンライン授業という経験のない仕事に時間を取られ，試行錯誤を繰り返した一年でした。

　しかしながら，悪いことばかりでもありませんでした。オンライン授業の準備をする中で授業内容を全面的に見直す機会が増え，「この内容って，こんなグラフや図があった方がわかりやすいのでは？」「このデータを学生に見せたら，より実感が湧くのでは？」「この練習問題を学生に解かせたら，言いたいことが伝わるのでは？」といったことをたくさん思いつきました。授業の工夫にさまざまな思いを巡らせたのは，きつくもありましたが，とても楽しい作業でもありました。出張が大幅に減って時間と体力に余裕ができたこともあり，本書の第三版を刊行しようと思ったのは，2020年度に起きたハッピーな出来事の一つでした。

　本書は，コーポレート・ファイナンスという企業のおカネに関する学問について，初学者でもわかりやすく，また応用的な考え方も身につくよう執筆したものです。初版以来三部構成を採用しており，第Ⅰ部でコーポレート・ファイナンスの基礎知識，第Ⅱ部でコーポレート・ファイナンスの理論を学習してもらったうえで，第Ⅲ部でコーポレート・ファイナンスに関連するトピックを説明しています。コーポレート・ファイナンスというと難しそうに聞こえると思いますが，全体を通じて，学園祭の模擬店などの身近な設例を使って説明することで読者の想像を助け，理解が容易になるよう工夫しています。一方で初学者向けの内容に終始するのでなく，現実に見られる現象を理解する上で有益な応用理論も，わかりやすい設例を使って説明するようにしています。

　2004年に初版を刊行以来，予想していたよりも多くの読者に読んで頂き，

2009年に改訂版を刊行することができました。いくつかの大学で教科書として採用して頂いたおかげで何度か増刷して頂きましたが，改訂版の刊行から10年以上が経過し，例として提示しているデータが古くなったのはもちろんのこと，世の中の変化によって取り上げるべき内容も再考すべき状況になりました。たとえば初版を執筆した当時は，日本企業の財務行動の特徴や歴史的経緯も理解して欲しいとの思いが強く，かなりのページを割いて解説しましたが，財務活動のグローバル化が進んだ今，リーマン・ショックを明確に記憶していない今の学生に，昔の日本企業の特徴を長々と説明する必要はないと判断するようになりました。代わりに第三版では，アベノミクスによって改革が進んだコーポレート・ガバナンスに関する説明をアップ・デートしました。初版では株主還元として主に配当のデータを説明していましたが，日本でも自社株買いの重要性が高くなったことから，改訂版では自社株買いのデータも示すようにしました。また，これまでの教育経験から学生の理解を深めるために有益と感じた図表やデータを追加するようにしました。本書がコーポレート・ファイナンスについて自分の頭で考える機会を提供し，単なる公式の記憶ではなく，本質的な理解を深める題材になれば，著者として望外の喜びです。

　初版を刊行した時，漠然と「息の長い本になるといいな」と思っていましたが，17年後に第三版を刊行する機会を頂き，創成社の塚田尚寛社長，西田徹様には心より感謝申し上げます。実は，改訂版の執筆はずいぶん前からお勧め頂いていたのですが，そのたびに「今，他の仕事でなかなか手が回りません」という，いかにも仕事のできない人間が言いそうなセリフを何度も言ってしまったことを，今，非常に恥ずかしく思っています。初版を執筆していた時に0歳だった娘が今は高校生になり，なかなか立派な態度で親に接してくるたびに，この本の歴史が感じられるのを非常に嬉しく思います。この改訂版も，読者のみなさんからフィードバックを頂きつつ，息の長い本になることを願っています。

　2021年3月

内田　交謹

はしがき

　「初学者でもわかりやすく読むことができ，ある程度勉強した人でも興味深く読めるコーポレート・ファイナンスの本を書きたい」。これが，本書を執筆した元々の動機です。「すらすら読めて 奥までわかる」というタイトルには，そういう思いが込められています。

　私は，北九州市立大学で，企業ファイナンス，経営財務論といった講義を担当しています。6年前に私が北九州市立大学の教員に採用されることが決まった直後，学会で前任者のⅠ先生にお会いする機会がありました。その時Ⅰ先生に次のようなアドバイスを受けました。

「本格的なコーポレート・ファイナンスを教えたら学生は逃げていきますよ。できるだけ経営学的に教えたほうがいいです。」

　当時まだ大学院の学生で，コーポレート・ファイナンスばかり勉強していた私は，正直，Ⅰ先生がおっしゃっている意味がわかりませんでした。しかしながら，実際に教壇に立って1年もすると，Ⅰ先生と全く同じような感想を持つに至りました。経営系の講義で人気があるのは経営戦略，経営組織，人事管理といった科目で，残念ながら財務・ファイナンスといった科目は，名前だけで敬遠する学生や，受けてみてもすぐに挫折してしまう学生が非常に多かったのです。いつしか，「どうせ僕は月見草だから」というのが私の口癖になってしまいました。

　コーポレート・ファイナンスというのは，資本調達や投資，配当といった企業の財務活動を学習する分野ですが，なぜ，あまり学生に人気がないのでしょうか。

　いろいろと考えた結果，一つの理由は，「学生にとって想像しにくい」内容だからと思うようになりました。

　よく考えてみると，「ホンダがロボットを売り出した」とか「トヨタがエコ・カーをもうすぐ売り出す」といった話は，子供の頃からある程度見聞きすることがありますが，「トヨタは銀行からお金を借りていないらしい」などという話は，日常生活の中であまり耳にすることがありません。特に日本人の場合，「お金の話はあまり子供にしたくない」といった心理がありますので，余計にお金の話は縁遠くなる気がします。

　個人的な考えを述べると，経営系の科目の中で，コーポレート・ファイナンスほどシンプルな考え方をしている科目はないと思います。というのも，コーポレート・ファイナンスは主にお金の問題を取り扱うため，人間的な要素がほとんど出てきません。コーポレート・ファイナンスの基礎にあるのは，「お金は少ないより多い方がいい」「将来の1万円より今の1万円の方が価値が高い」「リスクは低い方がいい」といったシンプルな原則ばかりです。これらのシンプルな原則に基づいて企業の財務活動を考えたらどのような結論が出るのか？コーポレート・ファイナンスとはそういう学問なのです。

　さて，6年間の教育経験を経て，私なりに出した結論は，次のようなものでした。

①　どんな状況の話なのか想像さえできれば，コーポレート・ファイナンスを理解することはそれほど難しくない。

②　コーポレート・ファイナンス特有のシンプルな考え方にさえ慣れれば，コーポレート・ファイナンスを理解するのはそれほど難しくない。

　このような考え方で執筆された本書は，次のような特徴があります。第一に，可能な限りシンプルな設例を設け，それを使って説明することにしました。これは，読者の想像を助けてあげることで，内容をわかりやすくするためです。

　次に，本書は3部構成を取り，第Ⅰ部「コーポレート・ファイナンスの基礎知識」で，企業の財務活動の全体像を学習してもらうことにしました。コーポレート・ファイナンスの理論については，第Ⅱ部「コーポレート・ファイナンスの理論」で勉強するのですが，前もって財務活動についての基礎知識を学習

することで，読者が理論の勉強をする時に「何の話かわからない」という症状に陥るのを防げると考えています。

なお第Ⅲ部「コーポレート・ファイナンスのトピックス」は，最近の日本企業で話題になっている話を中心にまとめました。やはり日本人学生にとっては，企業の財務活動とファイナンスに関する平板な知識，理論を勉強するだけでなく，日本企業の実態や変化を学習することも興味深いと思われます。読者の方には，ぜひ，「コーポレート・ファイナンスを勉強することで，最近の日本企業に何が起きているかを知ることができる」という意識を持って，第Ⅲ部を読んでもらえればと思います。

最後に，本書は「コーポレート・ファイナンス特有のシンプルな考え方」をマスターしてもらうことを最大の目的として，可能な限り，取り扱うトピックを狭い範囲に限定しました。本当は学生に教えたい内容はたくさんあるのですが，広範なトピックや細かい内容を教えすぎると，肝心の「コーポレート・ファイナンス特有のシンプルな考え方」そのものが身に付かない恐れがあります。

言い換えれば，本書を読み進めるのに，本書以外のコーポレート・ファイナンス，財務関係の本を読む必要がないように，本書は設計されています。さらに，本書で説明した内容だけをベースに理解できる話であれば，少々高度なことまで説明するようにしました。これは，初学者の理解を助ける上でも有効ですが，一通りの勉強をした人が，内容を奥深く理解する上でも，非常に有益なことだと思います。

本書の特徴をいろいろと書きましたが，実は私自身，本書の内容に絶対の自信を持っているわけではありません。わかりやすさを重視した結果，厳密には間違った説明になっている箇所が多くあるのではないか，本来取り上げるべき内容の多くが欠落しているのではないかと危惧しています。これらの点は，読者の方々からご批判を頂き，より良い本に改訂できればと考えています。

最後に，本書の出版が実現したのは，かねてより創成社出版の塚田尚寛氏からテキスト執筆をお勧め頂いたからに他なりません。塚田氏には，私が教員になって以来一番時間を割いてきた「学生にコーポレート・ファイナンスをわか

りやすく教える」という仕事を，このような書物としてまとめる機会を頂き，たいへん感謝しています。また，本書が少しでもわかりやすいものになっているなら，その多くは，北九州市立大学および西南学院大学で私の講義を受講した学生達のおかげといえます。彼らが私にぶつけてきた素朴な疑問・質問は，コーポレート・ファイナンスという学問の特徴を考える上で，たいへん有益なものでした。さらに，北九州市立大学内田ゼミ所属の荒木裕子，岩山三恵子，落石理恵，小野慎一郎，久原歩，外山恵子，藤井聡子，古田悦子の計8名には，面倒な校正作業を手伝ってもらいました。この場を借りて感謝したいと思います。

　最後になりましたが，家事と子育てをほとんど手伝わない私を愚痴一つ言わずに応援してくれる妻真喜子と，八カ月前から愛らしい笑顔と泣き声で家の中を明るくしてくれる長女百香にも，心からお礼を言いたいと思います。

　2004年2月

小倉・足立山を望む研究室にて

内田 交謹

目　次

第 I 部

コーポレート・ファイナンスの
基礎知識

　コーポレート・ファイナンスとは，企業の財務活動（資金調達，投資，配当）について分析する学問です。はしがきでも書きましたが，学生がコーポレート・ファイナンスの勉強に苦労する一つの理由は，いったい何の話をしているのか想像がつかない点にあると思います。確かに，普段は一消費者として生活している読者にとって，経営者の立場から企業の資金面について考えるというのは，きわめて非日常的なことだと思います。さらに，用語が聞き慣れないという問題も加わって，「コーポレート・ファイナンスは難しい」と感じる人が多いのではないかと思います。

　しかしながら，コーポレート・ファイナンスで対象としている企業の財務活動は，それほど難しいことではありません。第1章で説明しますが，実は，その大部分は，学園祭の模擬店の活動に含まれています。もちろん，学園祭の模擬店とソニー，トヨタといった大企業では，異なる点もたくさんあります。しかしながら，大企業と模擬店は全く異なるものではなく，むしろ根本的な特徴は全く同じであると考えるべきだと思います。つまり，大企業は学園祭の模擬店にいくつか特別な特徴が加わったものだと考えればよいのです。

　第I部では，コーポレート・ファイナンスの本格的な内容を勉強する前に，企業の財務活動について，少し丁寧に説明していきます。最初に，学園祭の模擬店などの簡単な設例を使って，企業の財務活動の基本を説明していきます。その上で，少しだけ複雑な設例を使って，大企業特有の財務活動について説明したいと思います。また説明の過程で，コーポレート・ファイナンスで頻繁に出てくる用語や概念についても，説明したいと思います。

　また，企業の財務活動について学習すれば，トヨタやソフトバンクといった現実の企業がどのような財務活動を行っているかを知りたいと思う人も多いでしょう。そこで，できる範囲で，現実の企業の財務活動についてのデータを提示したいと思います。また，データの意味を解釈できるようになるために，会計データを用いて企業の財務活動を判断する方法についても解説することになります。

第1章

コーポレート・ファイナンスの世界

1.1　財務活動とは？

　コーポレート・ファイナンスという学問では，おカネに関する企業活動，すなわち財務活動を勉強します。財務活動と聞くと，難しそうな印象を受ける人が多いと思いますが，実はその大部分は，学園祭の模擬店をイメージすることで理解できます。次の【設例1－1】について考えてみましょう。

―【設例1－1】――――――――――――――――――――――――

　サークルの仲間でお金を出し合い，学園祭でもつ鍋屋を開くことにした。必要な資金は100万円で，鍋，テーブル，皿，もつ，キャベツなどの原材料を購入する。学園祭で成功すれば200万円のキャッシュ・フロー，失敗すれば70万円のキャッシュ・フローが得られると予想されている。キャッシュ・フローが得られたら，サークル仲間で山分けする予定である。もつ鍋屋が成功する確率は50％，失敗する確率は50％である。

　【設例1－1】を読んだ時に，キャッシュ・フローという用語が難しいと感じた読者が多いと思います。これは，コーポレート・ファイナンスでは頻繁に出てくる用語なのですが，要は「現金の出入り」「正味の現金収入」という意味ですので，あまり難しく考えずに読み進めて欲しいと思います[1]。

――――――――――――

(1)　ここでいう，キャッシュ・フローは，光熱費や人件費を差し引いた正味の現金収入を意味しますので，全額サークル仲間に配分されることになります。

　さて，企業の財務活動の大半は，この単純な設例に含まれています（図表1－1参照）。企業の最初の財務活動は，サークルの仲間でお金を出し合うこと，すなわち必要な資金を調達することです。このことを資本調達あるいは資金調達といいます。お金を出してくれた人達（サークル仲間）のことを，資本提供者あるいは投資家と呼びます。

　次に，調達した資金を用いて，鍋やテーブル，皿などを購入します。これは，将来利益を得ることを目的に資金を支出するという行動であり，投資と呼ばれます。鍋やテーブル，皿など，投資によって購入されたものは資産と呼ばれます。

　なお，行動の順番としては資金調達の後に投資が行われますが，どのような投資を行うか（もつ鍋屋を開くか居酒屋を開くか）は，資金調達を行う前に決定されているのが普通ですから，その意味では投資決定が最初の財務活動といえます。

　投資を行ったら，従業員を雇用し，電気・水道などのエネルギーと資産（鍋，テーブルなど）を用いてもつ鍋を作ってお客さんに食べてもらいます。これを生産・販売活動といいます。この時，企業にはもつ鍋代という形で現金収入が入り，その一部を従業員への給料支払いや光熱費などの費用として支払います。結局，現金収入と現金費用の差が企業に実質的に入ってきた現金となり，これをキャッシュ・フローと呼びます。成功した場合，投資から得られる収益は投資のコストをひいて200－100＝100万円ですから，100％（$\frac{200-100}{100}=100\%$）の収益率が得られます。これに対して，失敗した場合，収益は70－100＝－30万円ですから，－30％（$\frac{70-100}{100}=-30\%$）の収益率（損失）が得られます（30％目減りします）。これらの値は投資収益率と呼ばれます（図表1－2参照）。

　最後に企業は，投資が生み出したキャッシュ・フローを資本提供者に配分します（配当）。学園祭の模擬店がキャッシュ・フローをサークルの仲間に配分するのは当たり前のことですが，これは彼らが模擬店を手伝ったからではなく，彼らが資本提供者だからという点に注意してください[2]。

　図表1－2に示されているように，もつ鍋屋が成功した場合，資本提供者

---

[2]「会社の利益は誰のもの？」と学生に尋ねた場合，「社長のもの」とか「会社のもの」といった回答がよく返ってきますが，正解は「株主のもの」です。

図表1-1　企業の財務活動（1）

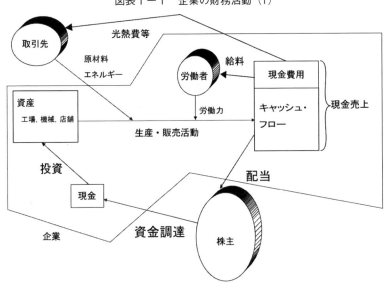

図表1-2　もつ鍋屋の投資内容と資本

（単位：万円）

もつ鍋屋の投資内容				
投資額	キャッシュ・フローと収益率		期待収益率	収益率の標準偏差
	成功	失敗		
100	200　（100%）	70　（-30%）	35%	65%
もつ鍋屋の資本提供者				
資本提供額	資本提供者のキャッシュ・フローと収益率		期待収益率	収益率の標準偏差
	成功	失敗		
100	200　（100%）	70　（-30%）	35%	65%

（サークル仲間）は200万円を受け取ります。資本提供者がもつ鍋屋に出した資金は100万円ですから，この場合，資本提供者は100%（$\frac{200-100}{100}=100\%$）の収益率を得ることになります。逆にもつ鍋屋が失敗すれば，資本提供者であるサークル仲間は70万円を受け取りますから，-30%（$\frac{70-100}{100}=-30\%$）の収益率を得ることになります。このように，資本提供者の受け取るキャッシュ・フ

ローあるいは収益率は，投資がもたらすキャッシュ・フロー，収益率と全く同じになります。これは，企業が投資によって得たキャッシュ・フローは資本提供者に配分されるわけですから，当たり前のことといえます。

　コーポレート・ファイナンスでは，上述の企業活動のうち，資金調達，投資決定，配当という3つの財務活動について考察することになります。【設例1－1】は非常に単純な例ですが，実はこれだけでも，コーポレート・ファイナンスで勉強する財務活動が全て含まれているのです。その意味では，あまり難しく考えずに，学園祭の模擬店をイメージしながら考えてみることが，コーポレート・ファイナンスをマスターする一番の方法といえるでしょう。

1.2　期待リターンとリスク

　【設例1－1】で注意して欲しい点は，もつ鍋屋のキャッシュ・フローが，成功した場合と失敗した場合とで違うということです。このようにキャッシュ・フローが変動する状況をリスクがあるといいます。実際にビジネスを行う場合，確実に○○円のキャッシュ・フローが得られるというケースはほとんどなく，大きなリスクを負担することが一般的です。

　このようにコーポレート・ファイナンスでは，リスクのあるビジネスについて考察しますので，そのための分析道具が必要です。【設例1－1】のもつ鍋屋のキャッシュ・フローおよび収益率について考えてみると，成功時200万円（確率50%，収益率100%），失敗時70万円（確率50%，収益率－30%）というのは，キャッシュ・フローや収益率を表す数字が2つも出てくるので煩雑で，あまり有用な情報ともいえません。

　このような問題に対して，コーポレート・ファイナンスでは，期待キャッシュ・フローあるいは期待収益率という尺度を用いて，ビジネスのリターンを一つの数字で表すことが一般的です。これは，各状況におけるキャッシュ・フロー（収益率）にその状況が生じる確率をかけたものを全て足し合わせることで計算することができます。【設例1－1】のもつ鍋屋であれば，

$$期待キャッシュ・フロー＝\frac{50}{100}\times 200+\frac{50}{100}\times 70＝135万円$$

$$期待収益率＝\frac{50}{100}\times 1+\frac{50}{100}\times(-0.3)＝35\%$$

となります。期待キャッシュ・フロー，期待収益率は，実行している投資（もつ鍋屋）が生み出す平均的なキャッシュ・フロー，収益率と考えることができます。

　次に，ビジネスのリスクを表現する尺度も必要になります。これについて，コーポレート・ファイナンスでは，標準偏差という指標を用いてリスクを表現することが一般的です。この標準偏差は，次の方法で計算します。

標準偏差の計算方法

① 各状況におけるキャッシュ・フロー（収益率）からその期待値を差し引く。これを偏差という。

② 各状況において，偏差の二乗を計算する。

③ 各状況において，手順②で出た値にその状況が生じる確率をかける。

④ 手順③で出た値を全て足し合わせる。この結果を分散という。

⑤ 分散の正の平方根をとる。

標準偏差が大きくなるほど，良い時と悪い時の差が激しいことを意味します。
【設例 1 − 1】の場合，収益率の標準偏差は次のように計算されます。

$$標準偏差＝\sqrt{\frac{50}{100}\times(1-0.35)^2+\frac{50}{100}\times(-0.3-0.35)^2}＝65\%$$

【例題 1 − 1】　Y さんは友達と学園祭で焼肉屋を出すことにした。投資額は 100 万円で，3 分の 1 の確率で 200 万円，3 分の 1 の確率で 80 万円，3 分の 1 の確率で 30 万円のキャッシュ・フローが得られると予想されている。この投資の期待キャッシュ・フロー，期待収益率，収益率の標準偏差を計算しなさい。

<解　答>

$$\text{期待キャッシュ・フロー}=\frac{1}{3}\times200+\frac{1}{3}\times80+\frac{1}{3}\times30=103.3\text{万円}$$

各状況における焼肉屋の収益率は，

3分の1の確率で，$\dfrac{200-100}{100}=100\%$

3分の1の確率で，$\dfrac{80-100}{100}=-20\%$

3分の1の確率で，$\dfrac{30-100}{100}=-70\%$

よって，$\text{期待収益率}=\frac{1}{3}\times1+\frac{1}{3}\times(-0.2)+\frac{1}{3}\times(-0.7)=3.33\%$

$$\text{収益率の分散}=\frac{1}{3}\times(1-0.0333)^2+\frac{1}{3}\times(-0.2-0.0333)^2$$
$$+\frac{1}{3}\times(-0.7-0.0333)^2$$
$$=0.508889$$

$$\text{収益率の標準偏差}=\sqrt{0.508889}=71.34\%$$

これまで，もつ鍋屋というビジネスのリスク（ビジネス・リスク）について説明しました。ところで，先にも述べたように，もつ鍋屋に資本を提供している資本提供者（サークル仲間）のキャッシュ・フローは投資によるキャッシュ・フローと一致しますので，資本提供者もビジネス・リスクと全く同じリスクを負担することになります。つまり，資本提供者はビジネス・リスクを負担しなければならないのです。

これまで説明してきたように，コーポレート・ファイナンスの世界では，リスクのある投資について考えます。このため，特に第Ⅱ部で説明するコーポレート・ファイナンスの理論では，期待収益率と標準偏差の理解が不可欠になります。

1.3　2種類の資本提供者

先に，コーポレート・ファイナンスで分析対象とする財務活動は，学園祭の模擬店をイメージすることで理解できると述べました。しかしながら，我々が

興味を持っているトヨタやソニー，セブン・イレブンといった大企業は，やはり学園祭の模擬店とは少し異なる性質を持っています。以下では，学園祭のもつ鍋屋と大企業の主な違いについて説明します。

　学園祭の模擬店と大企業の違いの一つは，大企業の場合，資本提供者が大別して２種類存在するということです。具体的にいえば，【設例１－１】のもつ鍋屋は必要な資金を全てサークル仲間から調達していましたが，大企業の場合，大別して２種類の方法で資金調達を行うのです。この点を理解するために，次の【設例１－２】について考えてみましょう。

【設例１－２】

　サークルの仲間で学園祭でもつ鍋屋を開くことにした。必要な資金は100万円で，成功すれば200万円，失敗すれば70万円のキャッシュ・フローが得られるとする。必要資金100万円のうち，60万円をサークル仲間で拠出し，40万円を銀行から借りることにした（金利10％で，約定支払額は44万円）。

　【設例１－２】のもつ鍋屋は，必要な資金100万円を２種類の方法で調達しています。一つは，サークル仲間から出してもらう資金で，もう一つは銀行から借り入れる資金です。言い換えれば，このもつ鍋屋には，２種類の資本提供者が存在していることになります（図表１－３参照）。

　容易に想像できるように，銀行からの借り入れは，期日が来ると，約束した金利を付けて必ず返済しなければいけません。もし，期日に約束した金額を返済できなければ，デフォルト（支払不能）となり，倒産を余儀なくされます。このような資金調達は負債（他人資本）資本調達と呼ばれます。これに対して，サークル仲間から調達した資金については，決まった日に決まった金額を返すという約束はありません。このような資金調達は自己資本（株主資本）調達と呼ばれます。

　ここでは資本提供者が２種類存在しますので，それぞれに一般的な名前を付けておきましょう。通常，企業に自己資本を提供しているサークル仲間は出資者，負債を提供している銀行は債権者と呼ばれます。なお，株式会社であれば，出資者は株主と呼ばれます。

図表1－3　企業の財務活動（2）：資本提供者が2種類存在するケース

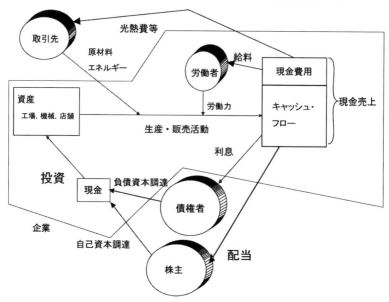

(1) 株主・債権者のリスク負担

　では，学園祭終了後に，サークル仲間と銀行がそれぞれいくらずつ配分され
るかを考えてみましょう。先に述べたように，企業が投資によって得たキャッ
シュ・フローは資本提供者に配分されます。ここでは，資本提供者が2種類存
在するわけですが，その際，次のルールに従ってキャッシュ・フローの配分が
行われます。

①　債権者に約定支払額を配分する[3]。

②　債権者に約定支払額を配分した後，残りがあれば，出資者（株主）に配
　　分する[4]。

---

(3)　このような特徴があるため，債権者は固定請求権者と呼ばれます。

(4)　このような特徴があるため，出資者は残余請求権者と呼ばれます。なお，債権者に
　　約定支払額を配分した後に残るキャッシュ・フロー（株主のキャッシュ・フロー）は，
　　馴染みのある言葉でいえば，利益ということもできます。このことは，利益は出資者
　　（株主）のものであるということを意味しています。

図表1－4　銀行とサークル仲間のキャッシュ・フロー配分額

（単位：万円）

	資　本 提供額	キャッシュ・フロー配分額と収益率		期　待 収益率	収益率の 標準偏差
		成　功	失　敗		
銀　　行（債権者）	40	44（10%）	44（10%）	10%	0%
サークル仲間（出資者）	60	156（160%）	26（-56.67%）	51.67%	108.33%
合　　　計	100	200	70		

　図表1－4は，サークル仲間（出資者）と銀行（債権者）が得るキャッシュ・フロー配分額を表したものです。これをみると明らかなように，2種類の資本提供者のうちの債権者は，もつ鍋屋の成功時と失敗時でキャッシュ・フローの配分額が同じになっていて，リスクを全く負担していません（収益率の標準偏差も0％になっています）。これに対して，60万円の資本を提供している出資者（サークル仲間）の方は，もつ鍋屋の成功時には156万円のキャッシュ・フロー配分（収益率$\frac{156-60}{60}=160$％）を得るのに対し，失敗時には26万円のキャッシュ・フロー配分（収益率$\frac{26-60}{60}=-56.67$％）しか得られません。出資者の収益率の標準偏差は108.33％となっていて，大きなリスクを負担していることがわかります。ここで，出資者の収益率の標準偏差が，銀行（債権者）のそれよりも高いだけでなく，事業そのものの収益率の標準偏差（＝負債を利用しない場合の出資者の収益率の標準偏差＝65％；図表1－2参照）よりも高いことに注目してください。つまり，トヨタの株主が負担するリスクは，トヨタが行っているビジネスのリスクよりも高くなるのです。

　前の節で説明したように，企業はリスクのある投資を行いますから，資本提供者も必然的にリスクを負担することになります。これに対して，大企業は2種類の資本調達手段を用いることで資本提供者を2種類に分け，それぞれに負担させるリスクを変えているという特徴があるのです。【設例1－2】でいえば，もつ鍋屋の投資にはリスクがあるのに対し（収益率の標準偏差＝65％），債権者は全くリスクを負担しておらず，出資者（株主）はビジネス・リスクよりも大きなリスクを負担しているのです。

　一般に，出資者（株主）が負担するリスクは企業の投資のリスクよりも大きくなります。これは，もう１種類の資本提供者である債権者が全くリスクを負担しないか，あるいは低いリスクしか負担しないためです。このため，出資者（株主）は，ビジネス・リスクに加えてファイナンシャル・リスク（財務リスク）も負担しているといわれます。

　なお，図表１－４をみると，株主がより高いリスクを負担するかわりに，期待収益率も債権者に比べてかなり高くなっていることがわかります。また，株主の期待収益率は，事業そのものの期待収益率（＝負債を利用しない場合の出資者の期待収益率＝35％；図表１－２参照）よりも高くなっています。つまり，トヨタの株主の期待収益率は，トヨタの事業そのものの期待収益率よりも高いのです。

　以上から明らかなように，企業が負債を利用すると，出資者（株主）の収益率はハイリスク・ハイリターンになります。これをレバレッジ効果と呼びます。では，なぜこのようなことが起きるのでしょうか？　図表１－５(A)は，【設例１－２】のもつ鍋屋が成功した場合のキャッシュ・フローと収益率を図示しています。もつ鍋屋は100万円の資産を債権者から調達した40万円と出資者から調達した60万円で購入していますが，成功した場合には，この100万円の資産が100％の収益を生みます。言うまでもありませんが，債権者から調達した資金で購入した40万円と株主から調達した資産60万円の両方が，それぞれ100％の収益を生むということです。にもかかわらず，債権者に対しては，当初の約束通り，調達した40万円に対して10％の収益しか配分していません。ということは，債権者の資金で購入した40万円の資産が生み出したキャッシュ・フローのうち，残りの部分は株主に移転することになります。このようなキャッシュ・フローの移転が生じる結果，株主はハイ・リターンを得ることになります。

　一方で，もつ鍋屋が失敗した場合はどうでしょうか（図表１－５(B)）。この場合は，債権者から調達した資金で購入した40万円と株主から調達した資金で購入した資産60万円の両方が，それぞれ－30％の収益しか生みません（30％ずつ目減りします）。にもかかわらず，債権者に対しては，当初の約束通り10％の

収益を提供しなければなりません。この場合は，株主の資金で購入した60万円の資産が生み出したキャッシュ・フローの一部を債権者に移転する必要があります。株主は，企業が成功した場合には収益の移転を受けますが，失敗した場合には逆に収益を債権者に移転しなければなりません。この結果，株主の収益率はハイリスクとなるのです。結局，現代の大企業は資本提供者を2種類に分け，債権者にはローリスク・ローリターンを，出資者（株主）にはハイリスク・ハイリターンを与えるという特徴を持っているのです。

　世の中には，リスクとリターンについて，さまざまな好みを持った人がいますから，企業が2種類の資金調達を行うことは，さまざまな資本提供者の好みに合わせたキャッシュ・フロー配分を行うことにつながるのです。

図表1－5　レバレッジ効果のメカニズム

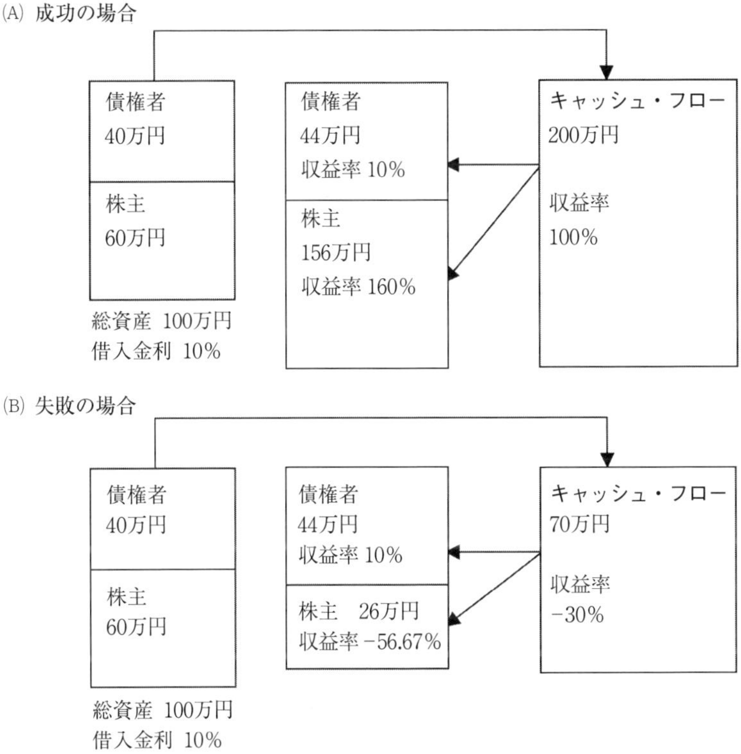

(A) 成功の場合

(B) 失敗の場合

(2) 企業の経営コントロール権

　前の項で説明したように，現代の大企業は大別して2種類の資金調達方法を利用しており，資本提供者が2種類存在します。では，企業の経営コントロール権は誰が持つのでしょうか。具体的にいえば，【設例1－2】のもつ鍋屋では，誰がメニューを決定するのでしょうか。

　結論からいえば，2種類の資本提供者のうち，出資者（株主）が企業の経営コントロール権を持ちます。言い換えれば，2種類の資本提供者のうち，より大きなリスクを負担する株主の方が経営コントロール権を持つのです。では，このような仕組みは合理的なのでしょうか。この点について考えるために，【設例1－3】について考えてみましょう。

─【設例1－3】──────────────────────────
　【設例1－2】のもつ鍋屋で，経営コントロール権を持つ人が事前に十分な調査を行ってメニューを決めれば，成功確率が80％になる。一方，十分な調査が行われなければ，成功確率が20％になるとする。ただし調査活動を行うには5万円のコストがかかり，経営コントロール権を持つ人が負担する。

　【設例1－3】で，経営コントロール権を持つ人は，調査活動を行うでしょうか。この問題について，①債権者が経営コントロール権を持つ場合，②株主が経営コントロール権を持つ場合について，それぞれ考えてみましょう。その際，調査活動を行った場合と行わなかった場合について，経営コントロール権を持つ人の期待収益をそれぞれ出し，経営コントロール権を持つ人がどちらを選択するかを考えることにします。

① 債権者が経営コントロール権を持つ場合

　調査活動を行った場合の債権者の期待収益は，

$$\frac{80}{100} \times 44万 + \frac{20}{100} \times 44万 - 40万 - 5万 = -1万円$$

　調査活動を行わない場合の債権者の期待収益は，

$$\frac{20}{100} \times 44万 + \frac{80}{100} \times 44万 - 40万 = 4万円$$

　以上より，調査活動を行わない場合の方が期待収益が高いので，債権者が経営コントロール権を持った場合には，調査活動が行われず，もつ鍋屋の成功確率は20％になります。

② 株主が経営コントロール権を持つ場合

　調査活動を行った場合の株主の期待収益は，

$$\frac{80}{100} \times 156万 + \frac{20}{100} \times 26万 - 60万 - 5万 = 65万円$$

　調査活動を行わなかった場合の期待収益は，

$$\frac{20}{100} \times 156万 + \frac{80}{100} \times 26万 - 60万 = -8万円$$

　以上より，調査活動を行う場合の方が期待収益が高いので，株主が経営コントロール権を持った場合には調査活動が行われ，もつ鍋屋の成功確率は80％になります。

　上の計算からわかることは，債権者に経営コントロール権を持たせるよりも，株主に経営コントロール権を持たせた方が，企業の成功確率が高くなるということです。

　これは，株主が大きなリスクを負担しているため，多少のコストをかけてでも，成功確率を高めるための行動をとるのに対し，債権者はリスクを負担しないため，コストをかけてまで成功確率を高めるための行動をとろうとはしないからです。このように株式会社では，大きなリスクを負担する株主に経営コントロール権を与えることで，より効率的な経営を実現する仕組みを作っているのです。

　なお，誰に経営コントロール権を与えれば効率的な経営が実現するか，あるいは効率的な経営を実現するためにはどのような仕組みが必要かといった問題は，コーポレート・ガバナンスと呼ばれます。コーポレート・ガバナンスは，近年コーポレート・ファイナンスの重要な問題の一つと考えられるようになってきています。この本でも，第13章でコーポレート・ガバナンスの問題を取り上げます。

16 ───●

(3) 負債資本調達と倒産可能性

　先に説明したように，企業が債権者に約束した約定支払額を支払うことができなければ，デフォルトとなり，倒産してしまいます。このとき，負債による資金調達を多く利用している企業ほど，倒産する可能性が高くなります。このため，いろいろな企業について，自己資本調達と負債資本調達を何パーセントずつ使用してきたかを知ることは，企業の倒産可能性を知る第一歩となります。

(4) 企業の資本構成

　では，特定の企業について，自己資本と負債を何パーセントずつ組み合わせているのか（資本構成）を知るためには，どうすればよいのでしょうか。

　実は，企業の資本構成は，貸借対照表の貸方（右側）から知ることができます。なぜなら，貸借対照表の負債，自己資本の金額は，おおよそ企業が資金調達に利用してきた負債と自己資本の金額であると考えられるからです[5]。

　企業の資本構成を表す指標として，自己資本比率というものがあります。これは，自己資本を総資本（＝自己資本＋負債）で割ったもので，過去からの資金調達全体のうち，何パーセントを自己資本で調達してきたかを示します。先に述べたように，自己資本は決まった金額を返済する必要のない資本ですから，自己資本比率が高いほど倒産可能性は低いと考えることができます。

　図表1－6は，主要企業の自己資本比率を示したものです。これをみると，ソフトバンク，JR東日本の自己資本比率が30％前後で，トヨタとDeNAに比

図表1－6　主要企業の自己資本比率（単独決算）（単位：％）

	2020年3月期	2019年3月期
トヨタ自動車	70.7	70.3
ソフトバンク・グループ	27.3	36.1
DeNA	80	90.3
JR東日本	32.5	32.7

　（出所）各社有価証券報告書より，自己資本比率＝純資産／資産合計として計算（単独決算を利用）。

[5]　ここでいう自己資本とは，貸借対照表の「純資産の部」のことです。

べて自己資本調達の割合が低くなっていることがわかります。DeNAの自己資本比率は2019年3月期には90％台となっており，負債資本調達をほとんど利用してこなかったことがわかります。2019年度には借入金を利用し，また赤字で純資産が減少してしまったことなどから，2020年3月期の自己資本比率が80％に低下しています。

　なお，このようなデータをみると，企業にとって自己資本と負債の最適な組み合わせは何対何になるのかという疑問が生じてきます。これは最適資本構成の問題と呼ばれ，コーポレート・ファイナンスの中心的な問題の一つです。この本では，第10章と12章で最適資本構成の問題について考察します。

　また，自己資本調達と負債資本調達は，さらに細かく多様な資金調達手段に分類することができます。この点については，第3章，第4章で説明することになります。

1.4　分散した株主と証券発行

　大企業と学園祭のもつ鍋屋の第二の相違点は，大企業では，分散した多数の資本提供者が出資していることです。大企業の多くは株式会社という形態をとっていますが，この場合，企業は出資者に対して株式という証券を発行し，出資者は株主と呼ばれます。

　先の【設例1－1】で，学園祭でもつ鍋屋を出すサークルを考えましたが，読者の皆さんは何人程度のサークルを想像したでしょうか？　恐らく，一般的なサークルの所属学生数というのは，10名から100名といった所ではないでしょうか。仮に50名だとすると，このもつ鍋屋は，50名の出資者から資金を募っていることになります。

　これに対して，大企業の場合，かなりの数の出資者が資本を提供しています。2020年3月末時点で，トヨタには約46万人，ソニーには約42万人の株主が存在しています。その意味では，大企業は，次の【設例1－4】のようになっていると考えた方がよいでしょう。

─【設例1-4】────────────────

　フランス料理の有名なシェフであるFさんは，東京で1年間限定の高級
フレンチ・レストランを出すことにした。必要な資金は10億円で，50％
の確率で20億円（収益率100％），50％の確率で8億円のキャッシュ・フロ
ー（収益率-20％）が得られると予想されている（期待収益率40％）。10億円
の資金調達については，自分のお金だけでは足りないので，新聞やイン
ターネットなどを通じて，一口1万円で出資者を募った（合計10万口）。最
終的に，Fさんを含めて7万人の人から出資を集めることができ，10億
円の資本を調達した。Fさんはこのフレンチ・レストランを株式会社と
し，出資者に対して，一口の出資につき1株を発行した。Fさん自身は，
100万円（100口）の出資を行っている。

─────────────────────────────

(1) 証　券

　【設例1-4】のフレンチ・レストランは，出資者（株主）に対して，出資
の見返りとして株式（株券）と呼ばれる証券を発行しています。では，株式あ
るいは証券とは何なのでしょうか。実は株式は証券の一種なのですが，一般に
証券の特徴として，次の2点を指摘することができます。

　　①　証券は，大口の権利を多数の小口の権利に細分化したものであるため，
　　　　多数の人から少しずつ資金調達を行う際に用いられる。

　　②　証券には流通市場が整備されており，証券保有者はいつでも証券を他人
　　　　に売却することができる。

　まず①の特徴について説明しましょう。【設例1-4】では，開業するのに10
億円の投資が必要な企業を考えています。この企業に出資する出資者（株主）は，
出資の見返りにフレンチ・レストランのキャッシュ・フロー（期待収益率40％）
を受け取る権利を持つわけですが，Fさんがそうであるように，10億円ものお
金を出資できる人はほとんどいないでしょう。そこでFさんは，10億円の出資
を10万口に小口化することで，多数の人から少しずつ出資を募ったわけです。

　ここで，一口につき1株が発行されているわけですから，一枚一枚の株式に

図表1－7　証券の特徴：発行市場と流通市場

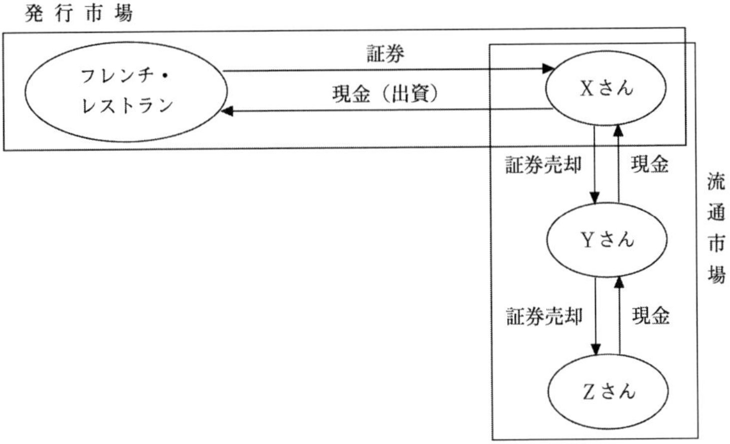

は，50％の確率で2万円，50％の確率で8千円のキャッシュ・フロー配分を受け取る権利が付いていることになります。このように株式（証券）には，毎年20億円か8億円のキャッシュ・フロー配分という大口の権利を毎年2万円か8千円のキャッシュ・フロー配分という小口の権利に分割する機能を持っているのです。このような証券の機能を使えば，多数の人々から少しずつ資金を調達できるようになります。具体的には，この証券が欲しい人は証券1枚につき10億円でなく1万円の出資を行えばいいわけですから，多くの人がこの企業に出資するようになり，結果として企業は大量の資金調達ができるようになるのです。

　次に，流通市場で売却できるという証券の第二の特徴も非常に重要です。図表1－7で示されているように，証券の保有者はいつでも流通市場で証券を売却できます。例えば，【設例1－4】のフレンチ・レストランに出資したXさんは，出資した後に「出資を取りやめてお金を取り戻したい」と思えば，流通市場で証券を売却すればいいわけです。

　ここで，売却する時の価格は日々変わりますので，Xさんが取り戻せる金額は実際に出資した金額より大きくなるかもしれませんし，小さくなるかもしれません[6]。つまりXさんは，株式を売却することによって利益を得られる可

能性があるのです。このことは，大企業の出資者である株主の場合，出資に対する利益として，企業のキャッシュ・フローを実際に配分してもらう（インカム・ゲイン）だけでなく，株式の売却収入という形で利益を得ること（キャピタル・ゲイン）もできるということを意味しています。

さらに，流通市場でＸさんからフレンチ・レストラン株を購入したＹさんも，株式を保有しておくことが嫌になれば，流通市場でＺさんに売却することができます。証券にはこのような特徴があるため，企業が証券を用いた資金調達を行えば，資本提供者は資本を提供しやすくなります。言い換えれば，企業は証券を用いることで，大量の資金調達を行いやすくするのです。

(2) 持株比率と１株当たり利益

ところで，【設例１－４】でも示されているように，大企業では多数の株主が少しずつ出資を行っています。このため，大企業の株主について考える際には，よく持株比率と１株当たり利益という指標を用います。

持株比率とは，各株主について，その株主が保有する株数を発行済株式数で割ったものです。例えば【設例１－４】で，フレンチ・レストランは全部で10万株発行していて，そのうちＦさんは100株保有していますから，Ｆさんの持株比率は $\frac{100}{100,000}=0.1\%$ となります。

持株比率は，各株主の企業経営に対するコントロール権の強さを示します。先に述べたように，出資者である株主は，フレンチ・レストランをコントロールする権利を持ちますが，各株主の発言力は，持株比率が高くなるほど強くなり，50％を超えると，企業経営を完全にコントロールできます。しかしながら，大企業では広範に分散した多数の人が出資を行っているため，各株主の持株比率はかなり小さくなっていることが一般的です。例えば，2020年３月末時点で，トヨタの筆頭株主は日本トラスティー・サービス信託銀行ですが，その持株比率は12.7％で，50％を大きく下回っています。

次に，１株当たり利益とは，企業の利益を発行済株式数で割ったものです。

──────────
(6) この流通市場での価格のことを株価あるいは時価といいます。

株式会社では，個々の株主は企業のキャッシュ・フローから債権者への支払等を引いた残余（利益）のうち持株比率分だけ受け取る権利がありますので，個々の株主にとっては，企業の利益総額よりも１株当たり利益の方がより有用な情報になるでしょう。【設例１－４】のフレンチ・レストランの場合，発行済み株数が10万株ですから，１株当たり利益は，成功した場合１万円（$\frac{(20-10)億}{10万}$ =10,000），失敗した場合－２千円（$\frac{(8-10)億}{10万}$ =－2,000）ということになります。

1.5　ゴーイング・コンサーン

　今まで，学園祭のもつ鍋屋や１年間限定のレストランを考えてきました。学園祭は４，５日で終わり，もつ鍋屋は学園祭終了と同時に解散するのが通常でしょう。また，１年間限定のレストランは，１年間だけ営業してキャッシュ・フローを得たら解散することを前提にしていました。

　これに対して，私たちがよく知っている大企業は倒産しない限り，数十年にわたってビジネスを継続しており，ゴーイング・コンサーン（永続企業）という特徴を有しています。ゴーイング・コンサーンである大企業は，大規模な投資を行い，投資した資産は数十年にわたって少しずつキャッシュ・フローを生み出しています。この点を考慮すると，次の【設例１－５】がより現実に近いといえるでしょう。

【設例１－５】

　Ｉさんは，自宅の近所に居酒屋を開いた。必要資金は200万円で，テーブル，皿，コンロ，グラスなどにあてる。Ｉさんは必要資金のうち100万円を自分で出資し，残りの100万円は銀行から借り入れた。銀行へは，毎年５万円ずつ永久に利子を支払っていくと約束している。この居酒屋は，毎年，50％の確率で60万円（運の良い年），50％の確率で25万円（運の悪い年）のキャッシュ・フローをあげると予想されている。初期投資で購入した200万円分のテーブル等は，10年間使用する予定である。

図表1－8　2年目以降の居酒屋のキャッシュ・フローと会計利益

（単位：万円）

	運の良い年	運の悪い年
a）キャッシュ・フロー	60	25
b）減価償却費	20	20
c）支払利息	5	5
d）会計上の利益　　a）−b）−c）	35	0
e）株主のキャッシュ・フロー　　a）−c）	55	20

（注）　1年目については，投資支出200万円と株主の出資100万円を考慮する必要がある
　　　ので，キャッシュ・フローおよび株主のキャッシュ・フローの金額が表中の数字
　　　と異なります。

(1) 会計上の利益とキャッシュ・フロー

　【設例1－5】の居酒屋は，これまで出てきた学園祭のもつ鍋屋や1年間限
定のフレンチ・レストランと異なり，一定期間以上ビジネスを継続する予定に
なっています。このように，企業が期間限定でなく，一定期間以上継続する場
合，実は利益の計算方法が複雑になり，キャッシュ・フロー・ベースの利益と
会計上の利益が一致しないことになります。

　具体的には，【設例1－5】の居酒屋の場合，テーブルやコンロ，皿などの
初期投資費用200万円を会計上いつの時点の費用とみなすかが問題になりま
す。実際に投資額200万円を支払うのは開業時なのですが，この200万円の投
資は，少しずつ10年間にわたってキャッシュ・フローを生み出していきます。
このため企業会計では，投資額200万円を開業時に費用として計上するのでな
く，キャッシュ・フローをもたらす全期間にわたって，少しずつ分割して費用
計上することにしています。これを減価償却といい，計上される費用を減価償
却費といいます。ここでは，居酒屋が毎年20万円ずつ10年間，減価償却費を
計上していくとしましょう。

　この時，株主のキャッシュ・フローと会計上の利益に減価償却費分のズレが
生じることになります。図表1－8から明らかなように，この居酒屋は開業時
に200万円支払えば，後は毎年，運がよければ55万円，運が悪ければ20万円の

キャッシュ・フローを株主であるIさんにもたらします。しかしながら、会計上の利益は、運が良ければ35万円、運が悪ければゼロということになります。

　このように、企業がゴーイング・コンサーンの特徴を持つ場合、株主のキャッシュ・フローと会計上の利益が減価償却費分だけズレることになります。コーポレート・ファイナンスの世界では、会計上の利益よりもキャッシュ・フローに重点を置いた議論が展開されていきます。これは、資本提供者であるIさんにとっては、帳簿上の話である会計利益よりも、実際に現金で得られる収入の方が重要だと考えられるからです。

(2) 配当と内部留保

　【設例1−5】の居酒屋が1年目を終了したとしましょう。1年目は運が良く、居酒屋のキャッシュ・フローは60万円で、銀行に利子を支払っても、55万円のキャッシュ・フローが手元に残ったとします。この55万円は、当然株主であるIさんのものですが、では居酒屋は55万円のキャッシュ・フロー全額をIさんに渡してしまっていいでしょうか。

　答えはノーです。なぜなら、居酒屋を開業するときに投資した200万円分のテーブル等は10年しか使用できませんから、居酒屋をずっと継続していくためには、10年後に200万円の投資を再度行う必要があります。このため、毎年のキャッシュ・フローのうち20万円分は、10年後の投資に備えて居酒屋でとっておく必要があるのです。少し難しい言葉を使えば、企業は、現存の設備の取替えに備えて、毎年減価償却費分のキャッシュ・フローは株主に渡さず、企業内に蓄積しておく必要があるのです。

　では、キャッシュ・フロー55万円から減価償却費20万円を差し引いた35万円については、株主であるIさんに全額渡してもいいでしょうか。この点について説明するために、【設例1−6】について考えてみましょう。

┌─【設例1－6】────────────────────────
│　【設例1－5】の居酒屋の1年目が終了した。1年目は運の良い年でキ
│ャッシュ・フローが60万円生み出されたが，予想以上に客の評判が良か
│ったので，2年目の最初に，10万円かけてテーブルやグラス，皿などを
│増やしたいと考えている。
└──────────────────────────────────

　簡単に想像できるように，2年目の最初に10万円の投資を計画している状況
で，1年目のキャッシュ・フローのうち減価償却費を除いた35万円を株主であ
るIさんに渡してしまえば，居酒屋自体には2年目の投資に使えるお金がなく
なってしまいます。このとき，居酒屋は10万円を銀行から借りるなどの方法で
調達する必要があります。

　これに対して，35万円のうち25万円だけを株主であるIさんに渡して，残り
の10万円は居酒屋が取っておくことも可能です。そうすれば，居酒屋は銀行か
らお金を借りなくても，2年目の投資10万円を実行することができます。

　これらの方法のうちどちらが良いのかは難しい問題ですが，現実には，「35
万円のうち25万円だけ株主に渡して，10万円は取っておく」という企業が数
多く存在します。このとき，株主に還元できるはずだったキャッシュ・フロー
（35万円）のうち，実際に株主に還元した部分（25万円）のことを配当といい，
企業がとっておく部分のことを内部留保と呼びます。

　大企業は，毎年毎年，株主に配当として還元できるキャッシュ・フローのう
ち何パーセントを配当として支払い，何パーセントを内部留保するかを決定し
ています。これは配当政策と呼ばれ，コーポレート・ファイナンスの重要な問
題の一つです。この本では，第11章で配当政策について説明します。また，
配当の大小を表すさまざまな尺度や配当以外の株主還元策について，第5章で
説明することになります。

　なお，注意深い読者は，1年目に株主に還元できるキャッシュ・フローと会
計上の利益がともに35万円になっていることに気付いたと思います。これは
単なる偶然ではありません。実は会計上の利益は，株主に還元可能なキャッシ

ュ・フローに対応しているのです。

(3) フローとストック

　ここで，【設例1−5】，【設例1−6】の居酒屋が2年目の最後の時点で，どれだけの資産を保有しているか考えてみましょう。

　この居酒屋は創業時に200万円の投資を行いました。1年目と2年目に，創業時の資産について減価償却費が合計40万円計上されますので，2年目の最後には，この資産の価値は160万円に下落します。ただし，減価償却費分の現金40万円分は居酒屋が蓄えています。

　この居酒屋はまた，2年目の最初に10万円の投資をしました。この資産について，2年目に1万円の減価償却費が計上されたとすると，2年目の最後には，この資産の価値は9万円になります。ただし減価償却費分の現金1万円は，居酒屋が蓄えています。

　以上より，2年目の最後の時点で居酒屋が保有している資産は，テーブル，グラス，皿などが合計169万円と現金41万円の合計210万円ということになります。

　注意して欲しいのは，「2年目の最後の時点で210万円の資産がある」といっても，それらの資産は必ずしも2年目に投資された資産ではないということです。言うまでもありませんが，合計210万円の資産のうち，200万円については，創業時に投資された資産とそれに伴う減価償却費分の現金であり，2年目に210万円の投資が行われたわけではないのです。

　この210万円という資産額は，専門用語で言うと，ストックと呼ばれる概念です。ストックとは，過去から行われた活動の結果，ある時点でどれだけの金額が蓄積されているかを表します。この居酒屋は創業時と2年目の最初に投資を行った結果，2年目の最後の時点で210万円の資産を蓄積しているということです。

　これに対して，「1年目あるいは創業時に200万円の投資を行った」「2年目（の最初）に10万円の投資を行った」という話は，専門用語で言うとフローと

呼ばれる概念です。フローというのは，ある期間に新規に発生した部分のことで，1年目，2年目に新たに投資した金額が，それぞれ200万円，10万円という話になるのです。

　同じ話を居酒屋の資金調達面について考えてみましょう。この居酒屋は，創業時に100万円を自己資本調達し，100万円を負債資本調達しています。さらに，1年目の最後に10万円を内部留保し，その資金で新規投資を行っています。内部留保は本来株主に還元すべき資金を利用していますので，これも自己資本調達となります。

　この時，2年目の最後の時点で，居酒屋には合計110万円の自己資本と100万円の負債があることになります。注意して欲しいのは，これらの金額は全てストックであり，決して「2年目に自己資本調達を110万円行った」わけではなく，「2年目に負債資本調達を100万円行った」わけでもないということです。

　このように，ゴーイング・コンサーンとしての企業を考える場合，フローとストックの概念を区別することが重要です。例をあげると，先に自己資本比率という指標を紹介しましたが，これはあくまでも，ストックの指標です。つまり，図表1-6にトヨタの自己資本比率が約70％であると示されていますが，これは，「トヨタが2018年度，2019年度に行った資金調達のうち約70％が自己資本だった」のではなく，「過去から行ってきた資金調達の結果，これらの年度末時点で，トヨタの総資本のうちの70％が自己資本になっている」ということなのです。

　なお，これまで説明してきたように，大企業はゴーイング・コンサーンの特徴を有していますが，コーポレート・ファイナンスの問題を考える場合，常にゴーイング・コンサーンの企業を想定する必要があるわけではありません。コーポレート・ファイナンスではしばしば，学園祭の模擬店のような短期間で消滅する企業を想定することで，問題を簡単に考察することがあります。この本でも，ゴーイング・コンサーンの企業を想定する必要がある時以外は，短期間で消滅する企業を想定して，さまざまな問題を考察していくことになります。

第2章
投資の基礎知識

2.1 投資の種類

(1) 設備投資

　第1章の【設例1－1】からわかるように，学園祭でもつ鍋屋を開くには，鍋，テーブル，コンロ，皿などを購入する必要があります。お金を払ってまでテーブル等を購入する理由は，それによって学園祭でキャッシュ・フローを得るためです。このように，将来利益を得るために現在キャッシュ（現金）を支出することを投資といい，投資によって購入されたモノを資産といいます。現実の企業でいえば，通信会社が5G基地局を建設したり，トヨタが自動車を作るための原材料を購入するといった活動が投資になります。

　投資の中でも，1年以上利用する設備・機械を購入する投資は設備投資と呼ばれます。現実の企業でいえば，トヨタが自動車工場を建設するのが典型的な設備投資になります。

　ここで，学園祭のもつ鍋屋が行う設備投資について，もう少し深く考えてみましょう。おそらく，次のような設備投資が行われる可能性があるのではないでしょうか。

　① 予想以上にお客さんが多かったため，学園祭途中でテーブルや鍋，コンロを追加する。

　② 学園祭でもつ鍋屋を出していたサークルが，途中でもつ鍋だけでなくお好み焼きも出そうと思い，お好み焼きの鉄板を購入する。

③ 何十年も学園祭でもつ鍋屋を出してきたサークルが，テーブルやコンロが古くなってしまい，ある年新品に買い替える。

現実の企業も，上で示した3種類の設備投資を行っています。まず①の設備投資は，生産を増やすためにすでに保有している工場・機械と同様の設備を追加的に購入するというもので，増産投資と呼ばれています。次に②の設備投資のように，新しいビジネスを始めるために新規に工場・機械などを購入する投資は新規投資と呼ばれます[1]。さらに，③のように，保有している工場・機械が古くなったために，新しい工場・機械と取り替えることを取替投資と呼びます。

(2) 在庫投資

ところで，第1章の【設例1－1】では，最初に鍋，テーブル，皿だけでなく，もつやキャベツなどの原材料も購入しています。このように製品を製造するための原材料を購入したり，将来の販売に備えて製品を製造しておくことも投資の一種で，在庫投資と呼ばれています。

在庫投資と設備投資の違いとして，投資がキャッシュ・フローをもたらすまでの期間が違うことを指摘できます。例えば原材料を購入した場合，通常1年以内にその原材料（もつ，キャベツ）を用いた製品（もつ鍋）が製造され，販売されることでキャッシュ・フローが得られるのに対し，テスラが自動車工場を建設した場合は，何十年もの間その工場から電気自動車が生産され，キャッシュ・フローが生まれていきます。つまり，在庫投資によるキャッシュ・フローは短期的に得られるのに対し，設備投資によるキャッシュ・フローは長期間にわたって得られるということになります。

(3) 研究開発投資

ところで，将来のことを真剣に考えているサークルであれば，学園祭でもつ

---

(1) 新規投資と増産投資をあわせて，拡大投資と呼ぶこともあります。

鍋屋を開きながらも，おいしい天丼を一瞬で作れる方法を研究することがあるかもしれません。このような新技術・新製品を開発するための研究活動をおカネをかけてやることは研究開発投資と呼ばれます。

　設備投資，在庫投資，研究開発投資は，例えばトヨタでいえば，自動車工場建設，自動車製造のための部品購入，自動運転車など新しいタイプの自動車開発などを指します。トヨタの本業は自動車の製造・販売ですから，設備投資・在庫投資・研究開発投資は本業に関わる投資ということができます。

(4) 金融投資

　一方，大企業は，本業に関わる投資以外にもさまざまな種類の投資を行っています。このような投資の代表として，他の企業の株式や社債，国債を購入することで利益を得ようとする投資があります。このような投資は金融投資と呼ばれます。

　なおトヨタやソフトバンクなどの大企業は，多くの子会社を設立し，子会社を通じてさまざまなビジネスを行っています。仮に子会社を株式会社として設立していれば，トヨタやソニーは大量の子会社株を保有し，子会社が利益をあげれば，株主として配当を受け取ることになります。このような投資は株式に対する投資という意味では金融投資の一種と考えることもできますが，単に利益目的で株式を購入しているだけでなく，事業展開の目的があるため，特別に子会社投資と呼ばれることが一般的です。

2.2　投資活動と貸借対照表

　企業がどのような投資を行っているかは，基本的に，貸借対照表（B／S）の借方（左側）から知ることができます（ここでは，日本基準の単独貸借対照表を使って説明していきます）。図表2−1に示されているように，貸借対照表の借方には資産が計上されていますが，この資産というのは，企業が投資によって購入した原材料，機械・設備，株式などのことです。なお貸借対照表はストック

図表 2 ― 1　貸借対照表（B/S）の借方の構造（日本基準）

```
流動資産＝１年以内に現金化される予定の資産
　　　現金・預金
　　　製品・半製品
　　　原材料
　　　有価証券（株式，債券など）
固定資産＝１年以上現金化される予定のない資産
　　　有形固定資産（土地，建物，機械など）
　　　投資その他の資産（投資有価証券，関係会社株式など）
　　　その他の固定資産
```

のデータを示すものですので，貸借対照表に計上されている資産の金額は，その年に投資した資産だけでなく，過去に投資して，今なお使用している資産も含まれています。

　大雑把にいえば，貸借対照表の有形固定資産が設備投資によって購入されてきた資産と考えることができます[2]。また，在庫投資によって購入された資産は，製品，半製品，原材料などに計上されていると考えることができます[3]。

　次に，金融投資によって購入された資産（金融資産）は，２種類に分けて計上されます。一つは，短期（１年以内）に売却する予定の金融資産で，これは流動資産の中の有価証券に計上されます。一方で，長期（１年以上）にわたって保有する予定の金融資産は，固定資産の投資有価証券に計上されます。

　図表 2 ― 2 は，トヨタの貸借対照表の借方側を示したものです。これをみると，トヨタの総資産額は約17兆8,000億円となっています。つまりトヨタがこれまで投資した資産のうち，2020年３月時点で使用している資産が約18兆円あるということになります。これらの資産を投資の種類別にみると，有形固定資産が約１兆4,000億円ですから，設備投資によって取得した資産が全投資資

[2]　もし，ある年度に新規に行われた設備投資の金額を知りたければ，年度末の有形固定資産の金額から前年度末の有形固定資産の金額を差し引き，減価償却費を足すことで，おおよその設備投資額を知ることができます。減価償却費を足すのは，企業の有形固定資産額は何もしなくても，毎年減価償却費分だけ減少していくためです。
[3]　製品，半製品，原材料などの資産を合わせて，棚卸資産と呼びます。

産の約 8 ％あるということになります（$\frac{1,449,956}{17,809,246}=8.1\%$）。また，在庫投資によって購入した資産は，商品及び製品から原材料及び貯蔵品までをあわせた4,400億円分あり，全投資資産の約2.5％を占めています（$\frac{442,232}{17,809,246}=2.48\%$）。

　トヨタの本業以外の投資資産についてみると，金融投資による資産は，有価証券（約 1 兆4,000億円）と投資有価証券（約 6 兆4,000億円）をあわせて約 7 兆8,000億円あることがわかります。この金額は，全投資資産の約44％を占めており（$\frac{7,834,394}{17,809,246}=43.99\%$），設備投資・在庫投資による資産合計を大きく上回

図表 2 － 2 　トヨタ自動車の貸借対照表（単独決算：借方）

（2020年 3 月31日）

勘定科目	金額（百万円）
流動資産	
現金及び預金	1,374,450
有価証券	1,437,350
商品及び製品	190,981
仕掛品	76,072
原材料及び貯蔵品	175,179
上記以外の流動資産	3,215,827
流動資産合計	6,469,859
固定資産	
有形固定資産	
建物（純額）	387,123
構築物（純額）	60,147
機械及び装置（純額）	306,364
車両運搬具（純額）	27,730
工具，器具及び備品（純額）	92,256
土地	447,746
建設仮勘定	128,588
有形固定資産合計	1,449,956
投資その他の資産	
投資有価証券	6,397,044
関係会社株式・出資金	2,604,553
上記以外の投資その他の資産	887,833
投資その他の資産合計	9,889,430
固定資産合計	11,339,386
資産合計	17,809,246

っています。このことから，トヨタ本体が金融投資に積極的であることがわかります。

　トヨタはまた，子会社投資も積極的に行っています。関係会社株式・出資金の金額は約2兆6,000億円で，全投資資産の約14.6％を占めています（$\frac{2,604,553}{17,809,246} = 14.62\%$）。この数字は，設備投資資産の数字を上回っていますので，トヨタの親会社自身が保有している自動車工場・機械よりも，子会社が保有している自動車工場・機械の方が大きいのかもしれません。

　なお，これらの資産は全て，資本提供者（株主・債権者）から調達した資金で投資したものであることに留意してください。

2.3　投資による収益と損益計算書

　最初に説明したように，投資は，将来利益を得るために行うものです。具体的にいえば，企業が投資した資産を用いて製造・販売活動を行うことによってさまざまな収益，費用が発生し，その結果企業は利益を得るのです（図表2－3参照）。したがって，企業が行っている投資について評価するためには，当然，投資によって得られた収益・利益がどのくらいあるかを知る必要があります。

　このような情報は，損益計算書（P／L）から得ることができます。損益計算書は，ある年度において，新規に発生した収益・費用を示し，利益を計算したものです。

図表2－3　貸借対照表と損益計算書

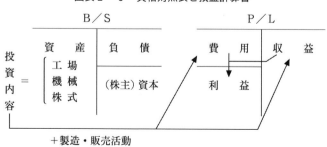

図表2-4　損益計算書の構造（日本基準）

```
売上高
    売 上 原 価：売り上げた製品の仕入れ，製造に関わるコスト
売上総利益＝売上高－売上原価
    販売費及び一般管理費
            ：製品の販売を促進するコスト，企業を管理・運営していく上
             で必要なコスト
営業利益＝売上総利益－販売費及び一般管理費：本業による利益
    営業外収益：金融収益（預金利息，株式売却益，配当）等
    営業外費用：負債の利子支払いなど
経常利益＝営業利益＋営業外収益－営業外費用
    特 別 利 益：その年度に臨時的に生じた収益（投資有価証券売却益など）
    特 別 損 失：その年度に臨時的に生じた損失
税引き前当期純利益＝経常利益＋特別利益－特別損失
    法人税等
当期純利益＝税引き前当期純利益－法人税等：最終的な利益
```

　図表2-4に示されているように，日本基準の損益計算書に計上される利益
には，売上総利益，営業利益，経常利益，税引き前当期純利益，当期純利益の
5種類あり，それぞれ内容が異なっています。重要なことは，同じ企業の利益
であっても，どのような投資資産から生み出されたかによって，違う利益とし
て分類されるということです。

　具体的にいえば，営業利益は在庫投資や設備投資などの本業に関わる投資資
産から生み出された利益と考えることができます。また，営業外収益の中の金
融収益というのは，金融投資によって取得した有価証券による収益や子会社投
資による配当収入などが計上されます。したがって，営業利益に金融収益を加
えれば，本業に関わる投資資産と（子会社投資を含む）金融投資資産による利益
の合計を表すことになります。この営業利益＋金融収益は，特別に事業利益と
呼ばれています。

　図表2-5は，トヨタ自動車の2019年度の損益計算書を示したものです。
これをみると，営業利益が約9,800億円ですから，トヨタの本業に関わる投資

資産が2019年度に約9,800億円の収益を生み出したことになります。一方，営業外収益の中の受取利息，受取配当金は，金融投資資産が2019年度に生み出した収益を表します。トヨタの場合，これらの合計が約8,100億円です。

　したがって，トヨタの事業利益を計算すると，約1兆8,000億円になります。トヨタの本業に関わる投資資産と金融投資資産全体が，2019年度に約1兆8,000億円の収益を生み出したと考えられるのです。

　なお，損益計算書を次のように見ることも可能です。第1章で説明したように，企業の投資資産が生み出したキャッシュ・フローは，株主・債権者に配分されます。このうち，債権者に配分された部分は，営業外費用の支払利息や社債利息等に計上されます。トヨタの2019年度については，これが約120億円あります。一方，キャッシュ・フローから債権者への利息支払いを引いた残余キャッシュ・フローは全て株主のものになります。損益計算書においては，経常

図表2−5　トヨタ自動車の損益計算書（単独決算）

（2019年4月1日〜2020年3月31日）

勘定科目	金額（百万円）
売上高	12,729,731
売上原価	10,491,469
売上総利益	2,238,261
販売費及び一般管理費	1,259,456
営業利益	978,804
営業外収益	
受取利息	104,813
受取配当金	710,251
その他	115,008
営業外収益合計	930,074
営業外費用	
支払利息	12,140
その他	161,373
営業外費用合計	173,513
経常利益	1,735,365
税引前当期純利益	1,735,365
法人税等合計	311,303
当期純利益	1,424,062

利益や当期純利益を株主にとっての収益と考えることができます。ということは，支払利息・社債利息等と経常利益（or当期純利益）を足し合わせれば，資本提供者に配分される収益合計（＝資産が生み出した収益合計）を計算できることになります。トヨタの2019年度について，経常利益をベースに計算すると，約1兆7,000億円になります（1,735,365＋12,140＝1,747,505（百万円））。

2.4　投資の収益性尺度：ROA

　以上から企業の投資資産の収益性について，次のように計算することができます。

　まず，企業が投資した資産は貸借対照表の借方側に資産として計上されますが，この中には，設備投資・在庫投資など本業に関わる投資資産と，（子会社投資を含む）金融投資によって取得した資産が含まれています。そして，本業に関わる投資が生み出した利益は営業利益に計上され，金融投資・子会社投資が生み出した利益は主に営業外収益の中の金融収益に計上されます。したがって，企業の投資がどの程度利益に結びついたか，すなわち投資の収益性は，次に示されるROA（Return on Assets）で測ることができます。

$$ROA = \frac{営業利益＋金融収益}{総資産} = \frac{事業利益}{総資産}$$

　ここで，第1章の【設例1−1】を思い出してください。【設例1−1】のもつ鍋屋は，100万円の投資で，成功すれば200万円のキャッシュ・フロー（収益100万円），失敗すれば70万円のキャッシュ・フロー（収益−30万円）をあげると予想されていました。すでに説明したように，この場合の投資収益率は成功した場合には100％で，失敗した場合は−30％となります。実は，ROAはこの投資収益率を会計データを用いて計算したものと考えることができます[4]。

────────────────

(4)　第1章の【設例1−1】では，もつ鍋屋という単一の投資を行う模擬店を考えましたが，現実の企業は，非常に多くの種類の設備投資を行っています。ここで計算されるROAは，一つひとつの投資の収益率ではなく，企業が行っているさまざまな投資全体の収益率であるということに注意してください。

では，図表 2 − 2 ，2 − 5 を用いてトヨタのROAを計算してみましょう[5]。

$$\frac{978,804+104,813+710,251}{17,809,246}=10.1\%$$

この計算結果は，それまでトヨタが行ってきた本業に関わる投資と金融投資が，資産額に対して約10％の利益を2019年度に生み出したことを意味しています。

ところで，実はROAには上記以外にも，いくつかの計算方法があります。企業の総資産は，企業の投資資産の合計であり，企業はその資金を資本提供者（株主・債権者）から調達しています。つまり，総資産は，企業が資本提供者から預かっている資本の合計と考えることもできます（これを総資本と呼びます）。一方で，企業がある年度に債権者に配分した収益は支払利息・社債利息等に計上され，株主に配分できる収益は経常利益や当期純利益に計上されます。この考え方からすれば，次のようなROAの計算式も成立します。

$$ROA=\frac{経常利益（当期純利益）＋支払利息・社債利息等}{総資本}$$

この計算式で2019年度のトヨタのROAを計算すると，次のようになります（ここでは，経常利益を使っています）。

$$\frac{1,735,365+12,140}{17,809,246}=9.8\%$$

また，企業の最終的な利益である当期純利益をどの程度の資産を用いて稼いだかを示すために，ROA＝当期純利益／総資産 と計算することもあります。この方法でトヨタのROAを計算すると，約 8 ％になります（$\frac{1,424,062}{17,809,246}=0.0799$）。この計算の場合，分子の当期純利益が株主の収益を表すのに対し，分母の総資産は債権者から調達した資金も含まれるという意味で，分子と分母にズレが生

---

[5] 厳密には，ROAを計算する際には，分母の総資産は期首・期末平均（＝（期首総資産額＋期末総資産額÷ 2 ））を使わなければいけません。ただしこの本では，読者が重要なポイントを理解できるようになることを優先し，そのような調整は行わないことにします。

図表2－6　主要企業のROA（単独決算）

（単位：％）

	2020年3月期	2019年3月期
トヨタ自動車	10.1	12.5
ソフトバンク・グループ	0.8	13.9
DeNA	0.1	3.3
JR東日本	3.9	5.3

（出所）各社有価証券報告書より，ROA＝（営業利益＋受取利息・配当等）
／資産合計 として計算（単独決算を利用）

じています。目的に応じて適切な計算を選択することが重要です。

　図表2－6は，事業利益を用いて計算した主要企業のROAを示したものです。2018年度（2019年3月期）には，トヨタとソフトバンクの投資資産が10％を超える収益を稼いでいたことがわかります。新型コロナウイルスの影響を受け，2019年度（2020年3月期）にはどの企業もROAが低下していることがわかります。トヨタとJR東日本はそれほど大きくROAが低下していませんが，ソフトバンクのROAは大きく低下しています。ソフトバンクの投資資産は，新型コロナウイルスによる景気低迷の影響を受けやすかったと考えられます。

2.5　キャッシュ・フロー計算書と投資活動

　これまで，貸借対照表を用いて企業のストックとしての投資資産を分析し，損益計算書を用いることで，その収益性（ROA）を計算しました。一方，企業は連結決算においてキャッシュ・フロー計算書という財務諸表を公表しており，企業の各年度におけるフロー（新規）の投資活動を知ることもできます。

　図表2－7は，キャッシュ・フロー計算書の構造と主要項目を示しています。キャッシュ・フロー計算書は，その年度に企業が生み出した正味現金収入を計算したもので，主に営業活動によるキャッシュ・フロー，投資活動によるキャッシュ・フロー，財務活動によるキャッシュ・フローの3項目からなります。キャッシュ・フローを増加させる項目はプラス，減少させる項目はマイナスの

図表2－7　連結キャッシュ・フロー計算書の構造

勘定科目	符　号
営業活動によるキャッシュ・フロー	
税金等調整前当期純利益	＋
減価償却費	＋
売上債権の増減額	増の場合－，減の場合＋
棚卸資産の増減額	増の場合＋，減の場合－
仕入債務の増減額	増の場合＋，減の場合－
法人税等の支払額	－
営業活動によるキャッシュ・フロー合計(A)	
投資活動によるキャッシュ・フロー	
有形固定資産の取得による支出	－
有形固定資産の売却による収入	＋
有価証券・投資有価証券の購入による支出	－
有価証券・投資有価証券の売却による収入	＋
関連会社への投資	－
投資活動によるキャッシュ・フロー合計(B)	
財務活動によるキャッシュ・フロー	
借入金による収入	＋
借入金の返済による支出	－
社債の発行による収入	＋
社債の償還による支出	－
株式の発行による収入	
自己株式の取得による支出	－
配当金の支払い額	－
財務活動によるキャッシュ・フロー合計(C)	
現金及び現金同等物等の増加額(A)＋(B)＋(C)	
現金及び現金同等物の期首残高	
現金及び現金同等物の期末残高	

金額で表現されます。

　営業活動によるキャッシュ・フローでは，本業と金融投資の資産がその年度に生み出した正味現金収入を計算しています。具体的には，会計上の利益である税金等調整前当期純利益を出発点として，会計上は収益・費用として計上されている一方で現金の出入りを伴わない項目を調整することで，キャッシュ・フローを求めています。例えば減価償却費は現金支出を伴いませんが，その分

当期純利益は減少していますので，減価償却費を足し戻す作業を行います。売
掛金などの売上債権が増加した場合，その分売上が計上されて当期純利益が増
加していますが，現金は入っていませんので，キャッシュ・フローを求めるに
は，売上債権増加額分だけ引き算を行う必要があります。棚卸資産や仕入債務
については，売上債権と逆の調整を行います。これらの調整の後，法人税等を
差し引くことで，企業がその年の事業活動から稼いだキャッシュ・フローを求
めることができるのです。

　営業活動によるキャッシュ・フローは，投資資産がその年度に生み出したキ
ャッシュ・フローですが，本章で説明したように，企業は現金を支払って新規
の投資を行い，資産を追加します。これが投資活動によるキャッシュ・フロー
となり，ここからフローの投資活動を知ることができます。企業が設備投資を
行うと有形固定資産が増加しますので，有形固定資産の取得による支出が，そ
の年度の設備投資額を表すことになります（マイナス項目）。一方で企業は，不
用になった有形固定資産を売却してキャッシュを得ることもあり，有形固定資
産の売却による収入として計上されます（プラス項目）。同様に新規の金融投資
は有価証券あるいは投資有価証券の取得による支出として表示され，金融投資
資産の売却は有価証券あるいは投資有価証券の売却による収入として表示され
ます。

　図表 2 － 8 は，JR東日本の連結キャッシュ・フロー計算書のうち，投資活

図表 2 － 8　JR東日本の連結キャッシュ・フロー計算書：投資活動によるキャッシュ・フロー

(2019年 4 月 1 日～2020年 3 月31日)

勘定科目	金額（百万円）
投資活動によるキャッシュ・フロー	
有形及び無形固定資産の取得による支出	-703,908
有形及び無形固定資産の売却による収入	13,776
投資有価証券の取得による支出	-29,540
投資有価証券の売却による収入	1,522
上記以外の投資活動からのキャッシュ・フロー	16,549
投資活動によるキャッシュ・フロー合計	-701,601

動によるキャッシュ・フローの部分を抜粋したものです。2019年度の設備投
資および無形固定資産への投資が合計で約7,000億円であることがわかります。
一方で，有形固定資産・無形固定資産の売却によって130億円の現金収入を得
ています。また2019年度には約300億円の金融投資を行う一方で，約15億円の
金融投資資産を売却しています。

　図表2－7に示されているように，キャッシュ・フロー計算書には他に財務
活動によるキャッシュ・フローという項目があります。これは，投資資金を調
達する資金調達活動や株主への配当・自社株買いによる現金の流出入を示して
おり，第3章〜第5章の内容と関連します。キャッシュ・フロー計算書の下部
では，当年度のキャッシュ・フロー合計（正味の現金流入）と期首・期末の現
金及び同等物の残高を知ることができます。

【演習問題】

2－1　好きな企業の貸借対照表，損益計算書を入手し，その企業の投資資
　　産の特徴をトヨタ（図表2－2）と比較しながら説明しなさい。またROAを
　　計算しなさい。貸借対照表，損益計算書は金融庁のEDINETのWeb-siteで
　　有価証券報告書を閲覧し，入手すること。
　　　URL：http://info.edinet-fsa.go.jp/

2－2　好きな企業の連結キャッシュ・フロー計算書を EDINETから入手
　　し，その企業の投資内容をJR東日本（図表2－8）と比較しながら説明しな
　　さい。

第3章

資金調達の基礎知識1：自己資本調達

　第1章で説明したように，現代の大企業は自己資本（株主資本）と負債という2種類の資金調達手段を用いています。しかしながら，企業の資金調達手段は，さらに細かく分類することができます。この章と次の章では，これら企業の多様な資金調達手段について説明していきます。まずこの章では，自己資本調達について，さらに細かい分類を説明することにしましょう。

3.1　創業時の株式発行

　第1章の【設例1－1】で説明したように，企業の最初の財務活動は資金調達であり，株式会社であれば創業時に必ず株式を発行して資金調達を行います。最初に，創業時の株式発行について，改めて説明しましょう。次の【設例3－1】について考えてみてください。

【設例3－1】

　サークル仲間100人で1万円ずつ，計100万円出し合い，学園祭で焼鳥屋（株式会社）を開店した。その際友達1人につき1枚の株式を発行した。この焼鳥屋は確実に150万円のキャッシュ・フローを得るとする。学園祭終了後，150万円のキャッシュ・フローはサークル仲間に配分される。

　このように株式会社は，株主（サークル仲間）が資金を出し合うことでスタートします。第1章でも説明したように，株主が提供する資本は決まった金額を返済する必要がありませんから，焼鳥屋にとっては自己資本調達となりま

す。

　この際，株主は出資の見返りに株式（株券）を受け取ることになります（創業時の株式発行）。なお，【設例３−１】では，学園祭で焼鳥屋が確実に150万円のキャッシュ・フローを得るという非現実的な想定をしていますが，これは，話を簡単にして，重要な点を理解しやすくするためですので，あまり気にしないでください。

　【設例３−１】の場合，各株主が１万円ずつ出資していて，１株保有している株主（サークル仲間）は，学園祭終了後に確実に１万5,000円（150万÷100）を受け取ることになります。言い換えれば，この焼鳥屋が発行している株式の１株当たりキャッシュ・フローは１万5,000円ということです。

　ところで，第１章で説明したように，株式は証券の一種ですから，株主は保有している株券をいつでも流通市場で他人に売却できます。では，株主の一人が，【設例３−１】の株式を売却しようとした時，いくらの値段がつくでしょうか？

　これについては，次のように考えることができます。まず，あなたがこの株式を１万2,000円で売りたいと言ったとしましょう。すると，多くの人がこの株式を買いたいというはずです。なぜなら，この株式を買えば，学園祭終了後に確実に１万5,000円受け取ることができ，何の苦労もせずに3,000円の利益を得ることができるからです。このように価格が１万2,000円であれば，多くの人が株式を買いたいと申し出てきますので，あなたは値段をもう少し高くすることになります。

　では，１万7,000円で売りたいと言った場合はどうでしょうか？　今度はおそらく，誰も買ってくれないでしょう。なぜなら，学園祭終了後にこの株式から得られるキャッシュ・フローは１万5,000円しかありませんから，そのような株式を１万7,000円で買えば2,000円損してしまうからです。したがってこの場合あなたは，値段をもう少し下げないといけません。

　このようなやり取りが続いていく結果，最終的には，株式の価格は１万5,000円に落ち着くはずです。この流通市場で取引される際の株式の価格は株

価あるいは時価と呼ばれます。注意して欲しいのは，株価あるいは時価が，創業時の株主が出資した金額より高くなっていることです。創業時から出資した株主（創業者）は，1株当たり1万円しか出資していませんので，株式市場で焼鳥屋の株式を売却すれば，5千円の利益を得られることになります。これは，創業者が得ることのできる特有の利益ですから，創業者利得といわれています。

　なお，厳密にいえば，株式を流通市場で自由に売却するには，その株式が株式市場に上場されている必要があります。創業後間もないベンチャー企業などは株式を上場していないことが一般的で，一般の人々がそれらの株式を自由に売り買いすることは不可能です。したがって創業者利得とは，企業が上場することによって実現するものだといえます[1]。

3.2　新株発行（増資）

(1)　新株発行の種類

　前の節では，創業時の株式発行について説明しました。これに対して，企業の資金調達を考える際には，すでに事業を始めている株式会社が，追加的に資金調達を行うケースを考えることが一般的です。すでに創業している株式会社が追加的に株式を発行して資本を調達することを，新株発行あるいは増資と呼びます。次の【設例3－2】について考えてみましょう。

---

[1]　その意味では，創業後非上場でビジネスを行っていた企業が初めて上場し，創業者利得を実現することは，その企業にとって大きな財務的意思決定ということができます。なお，企業が後で説明する公募時価発行を行うとともに新規上場することをIPO（Initial Public Offering）と呼びます。

┌─【設例3－2】──────────────────────
│　【設例3－1】の焼鳥屋が，売れ行き好調なため，学園祭期間中にテー
│ブルを増設することにした。必要資金は50万円で，自己資本調達する。
│この焼鳥屋には余剰資金がない。
└──────────────────────────────

　【設例3－2】の焼鳥屋は50万円の資金を必要としていますが，お店に余剰
資金がないため，誰かに50万円を自己資本として出してもらうしかありませ
ん。このような場合は，新規に株式を発行して，その見返りに資金を出しても
らうことになります。このような資金調達は新株発行あるいは増資と呼ばれま
す。

　第1章の【設例1－2】で説明したように，株主は高いリスクを負担する代
わりに，経営コントロール権を得ます。したがって新株発行は，資本提供者に
対してハイリスク・ハイリターンのキャッシュ・フローと経営コントロール権
を与える代わりに，資本を提供してもらう取引といえるでしょう。なお株式を
発行して得る資本は，決まった金額を返済する必要がありませんから，自己資
本調達となります。

　さて問題は，この50万円を誰に出してもらうかです。この点について，実
際に学園祭で模擬店を出している人の多くは，おそらく次の方法を考えるので
はないでしょうか？

①　サークル仲間（既存株主）に再度お金を出してもらう。

②　サークル仲間の親・親戚や材料を買っている店，よく来るお客さんにお
　　願いしてお金を出してもらう。

③　出資者募集のポスターを学内の掲示板やインターネットなどに掲示し，
　　一般の希望者に出資してもらう。

　実際の株式会社が新株発行を行う際にも，上の3つの方法を用いることにな
ります。まず①の方法，つまり既存株主に再度出資してもらう方法は株主割当
増資と呼ばれます。次に②の方法，難しくいえば，取引先や会社役員などの特
定の縁故者に出資してもらう方法は第三者割当増資と呼ばれます。最後に③の

方法，つまり広く一般から出資を募る方法は公募増資と呼ばれます。

　新株発行（増資）に際して誰に出資してもらうか（株式を割り当てるか）については，このように 3 つの方法があるのですが，公募増資を行う場合は，すでに流通している株式の時価をベースに発行価格を決めます（公募時価発行増資）。株価が上昇傾向にある状況では，公募時価発行増資が最も一般的な新株発行方法になります。第三者割当増資は，例えば業務提携先との関係を強化する場合や経営不振に陥った企業が他の会社の傘下に入って経営再建を図る時などに使われます。最近の例で言えば，経営不振に陥ったシャープが経営再建のために台湾企業の鴻海（ホンハイ）の傘下に入るのを目的に，2016年に第三者割当増資を行ったことが有名です。

　公募増資，第三者割当増資を行う際の発行価格は，発行時点の株価をベースに決定されますが，株価よりも低めに設定されることが一般的です。これをディスカウントと呼びますが，特に第三者割当増資の場合はディスカウントが大きくなることがあります。企業が新株発行を行うと，既存の株主の持株比率が低下し，経営コントロール権やキャッシュ・フローの配分を受ける割合が低下します。これを希薄化といいますが，一般に企業は希薄化を避けるため，頻繁には新株発行を行わないと言われています。

(2)　優先株

　先に説明したように，新株発行とは，資本提供者にハイリスク・ハイリターンのキャッシュ・フローと経営コントロール権を与える代わりに資本を提供してもらう取引だといえます。これに対して，株式会社が発行する株式は普通株だけでなく，いくつかの特殊な株式もあります。

　このような特殊な株式の代表として，優先株があります。これは，普通株に比べて何らかの優先的な権利がついた株式のことで，多くの場合，普通株主よりも優先的に配当を受け取る権利が付与されています。優先株について説明するために，次の【設例 3 - 3】について考えてみましょう。

46 ———●

【設例3－3】

　I さんは，自宅の近所に居酒屋を開いた。必要資金は200万円で，テーブル，皿，グラス，コンロなどにあてた。これらの資産は10年間利用できるので，毎年減価償却費を20万円計上する。I さんは必要資金のうち100万円を自分で出資し，残りの100万円は銀行から借り入れた。銀行へは，毎年 5 万円ずつ永久に返済していくと約束している。この居酒屋は，毎年，50％の確率で60万円（運の良い年），50％の確率で25万円（運の悪い年）のキャッシュ・フローをあげると予想されていた。1 年目が終了した時点で，客の評判が予想以上に良かったので，10万円投資して，テーブル，皿などを増設しようと考えている。この投資を行った場合，2 年目以降は，50％の確率で63万円（運の良い年），50％の確率で27万円（運の悪い年）のキャッシュ・フローをあげると予想されている。なお，投資資金10万円は優先株発行で調達し，優先株主には毎年 2 万円の配当を優先的に支払うことを約束している。また 2 年目以降，減価償却費を毎年21万円計上することにしている。

　【設例3－3】は，第 1 章で出てきた【設例1－5】，【設例1－6】とかなり似ています。違うのは，ここでは 2 年目の最初の投資資金10万円を優先株で調達するという点だけです。

　さて，【設例3－3】では，2 年目の最初の時点で，3 種類の資本提供者が登場しています。つまり債権者（銀行），普通株主（I さん），優先株主です。では，これら 3 種類の資本提供者が毎年受け取るキャッシュ・フローはどのようになるでしょうか。

　この点は，図表3－1に示されています。まず運の良い年ですが，投資から得られるキャッシュ・フローが63万円あり，債権者に 5 万円が支払われた後，58万円のキャッシュ・フローが株主に残りますが，実際に株主に還元できるのはそこから減価償却費を引いた37万円です。このうち，優先株主に優先配当 2 万円が支払われ，残りの35万円を普通株主が得ることになります。

図表3－1　2年目以降の債権者，普通株主，優先株主のキャッシュ・フロー・パターン

（単位：万円）

	運の良い年	運の悪い年
a) キャッシュ・フロー	63	27
b) 減価償却費	21	21
c) 支払利息（債権者の収益）	5	5
d) 株主のキャッシュ・フロー　a)－c)	58	22
e) 会計上の利益　　a)－b)－c)	37	1
f) 優先株主のキャッシュ・フロー（優先配当2万円）	2	1
g) 普通株主のキャッシュ・フロー	35	0

図表3－2　2年目以降の債権者，普通株主，優先株主の収益率

（単位：万円）

	資本提供額	キャッシュ・フロー配分額と収益率		期待収益率	標準偏差
		運の良い年（確率50%）	運の悪い年（確率50%）		
債 権 者	100	5　（ 5%）	5　（ 5%）	5%	0%
優先株主	10	2　（20%）	1　（10%）	15%	5%
普通株主	100	35　（35%）	0　（ 0%）	17.5%	17.5%

　次に運の悪い年ですが，投資から得られるキャッシュ・フローが27万円で，債権者に5万円が支払われた後22万円のキャッシュ・フローが株主に残りますが，株主に還元できるのは減価償却費を差し引いた1万円だけになります。この1万円を株主に還元する際には，まず優先株主に優先配当を支払うことになりますので，優先株主が1万円を受け取り，普通株主は1円も受け取れないことになります。

　図表3－2は，債権者，優先株主，普通株主の期待収益率とその標準偏差を示したものです。これをみると，優先株主の場合，期待収益率が普通株主よりも低くなっている一方で，リスク（標準偏差）も低くなっていることがわかります。このように，優先株は資本提供者に普通株よりもリスクの低いキャッシュ・フローを与えるという特徴があるのです[2]。なお，優先株には，議決権

が付かないケースも多くあります。

　では，優先株はいったいどのような時に発行されるのでしょうか。この点について説明するために，もう一度【設例3－3】の居酒屋について考えてみてください。この居酒屋の創業者であるⅠさんは，メニューや営業時間の決定など，居酒屋の運営を全て自分で決めたいと思っているとします。その一方で2年目の最初に10万円の投資をするために，自己資本調達をしなければならないわけです。

　ここでⅠさんが普通株を発行すれば，当然新しい株主が登場し，居酒屋の運営方法などに口出しするかもしれません。そうなると，Ⅰさんにとっては一番困る状況になってしまいます。これに対して，Ⅰさんが議決権のない優先株を発行すれば，自己資本調達ができる上に，新しい株主に居酒屋の運営に口出しされずにすみます。

　このように企業にとっては，優先株を利用することで，経営コントロール権の状況を維持したまま自己資本調達ができるというメリットがあるのです。そしてそのようなメリットを得るために，優先株主にはリスクの低いキャッシュフロー・パターンを与える必要があるのです。

　実は日本では，1990年代以前は，優先株が発行されることはほとんどありませんでした。しかしながら1990年代後半～2000年代前半に，優先株が大量に発行されました。これは，BIS規制をクリアーするために自己資本を増やしたい銀行が政府の出資を得るために発行したものでした[3]。2014年には，東日本大震災の影響で業績が悪化した北海道電力，九州電力が優先株を発行しました。

---

(2)　原理的には，資本提供者に対してキャッシュ・フローを配分する優先順位を変えることで，企業は無数の資金調達手段を作り出すことができます。資本提供者にとっては，キャッシュ・フロー配分の優先順位が高いほどリスクが低くなり，その分リターンも低くなることが一般的です。なお，資本提供者間におけるキャッシュ・フロー配分の優先順位の構造を優先・劣後構造ということがあります。

(3)　BIS規制とは，銀行の健全性を保つために，BIS基準の自己資本比率が8％を割った銀行は国際業務から撤退させるというものです。

図表3－3　上場企業による新株発行

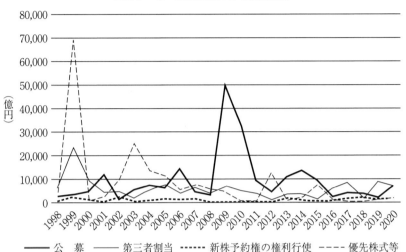

（出所）日本証券取引所グループHPより筆者作成。

　図表3－3は，日本企業の新株発行の状況を示したものです。公募が第三者割当増資よりも大きい年がある一方，逆の年もあり，景気や株式市場の状況によって新株発行の方法が選択されていることがわかります。また年によって，優先株が大量に発行されていることもわかります。

3.3　内部資本調達

　これまで，自己資本調達の具体的な方法として，新株発行による資金調達を説明してきましたが，もう一つの自己資本調達の方法として，内部資本調達があげられます。内部資本調達について理解するために，次の【設例3－4】について考えてみましょう。

┌─【設例3－4】──────────────────────
│　Iさんは，自宅の近所に居酒屋を開いた。必要資金は200万円で，テー
│ブル，皿，グラス，コンロなどにあてた。これらの資産は10年間利用で
│きるので，毎年減価償却費を20万円計上する。Iさんは必要資金のうち
│100万円を自分で出資し，残りの100万円は銀行から借り入れた。銀行へ
│は，毎年5万円ずつ永久に返済していくと約束している。この居酒屋は，
│毎年，50％の確率で60万円（運の良い年），50％の確率で25万円（運の悪い
│年）のキャッシュ・フローをあげると予想されていた。1年目が終了した
│時点で，60万円のキャッシュ・フローが得られたが，客の評判が予想以
│上に良かったので，2年目の最初に10万円投資して，テーブル，皿など
│を増設しようと考えている。この投資によって，居酒屋は2年目以降，
│50％の確率で63万円（運の良い年），50％の確率で27万円（運の悪い年）の
│キャッシュ・フローをあげると予想されている。なお投資を行った場合，
│2年目以降，減価償却費を毎年21万円計上することにしている。
└───────────────────────────

　実はこの【設例3－4】は，第1章の【設例1－5】，【設例1－6】をまと
めたもので，先ほど出てきた【設例3－3】とも非常に似ています。【設例
3－3】との違いは，2年目の最初に行う増産投資の資金10万円をどのよう
に調達するかが明示されていない点だけです。

　第1章で説明したように，1年目の居酒屋のキャッシュ・フローは60万円
で，銀行に利子を支払っても，55万円のキャッシュ・フローが株主に残りま
す。この55万円は，株主であるIさんのものですが，居酒屋は55万円のキャ
ッシュ・フロー全額をIさんに渡してはいけません。なぜなら，ゴーイング・
コンサーンである居酒屋は，10年後にテーブルや皿，グラスなどの取替投資
を行う必要があるので，毎年減価償却費分の20万円をとっておく必要がある
からです[4]。

────────────────────
(4)　ただし実際には，減価償却分のキャッシュ・フローを区別して取替投資の実施まで
　企業内にとどめておくわけではありません。

　また，55万円のキャッシュ・フローから減価償却費20万円を差し引いた35万円のキャッシュ・フローについても，必ずしも全額株主に配当されるとは限りません。この居酒屋は2年目の最初に10万円の増産投資を計画していますので，例えば25万円だけ配当して，10万円を増産投資に必要な資金として企業内部にとっておくことができます。

　仮に，配当可能な35万円のうち，10万円を増産投資資金として企業内部にとっておいたとすると，この居酒屋は，1年目に得た株主のキャッシュ・フロー55万円のうち，合計30万円を将来の投資資金として資金調達したことになります。このように株主のキャッシュ・フローを用いて資金調達を行うことを，内部資本調達と呼びます。内部資本調達は，株主のキャッシュ・フローが源泉になっているわけですから，いわば一旦株主に還元したお金がそのまま企業に再出資されたものと考えることができます。このため内部資本調達は自己資本（株主資本）調達の一種となります。

　これまでの説明から明らかなように，この内部資本調達は2つの部分に分けることができます。一つは減価償却費20万円の部分です。これは，会計上は費用として計上されるために利益が減少しますが，その分キャッシュが出ていくわけではないので，毎年企業に20万円が蓄積されていくというものです。この減価償却費による内部資本調達は10年間で200万円になりますので，10年後のテーブル，鍋，コンロなどの取替投資に利用できることになります。

　内部資本調達のもう一つの部分は，株主のキャッシュ・フローから減価償却費を引いた35万円の部分から資金調達するもので，内部留保と呼ばれます。この35万円は，本来ならば株主に配当として支払っても良いキャッシュ・フローなのですが，全額を配当として支払ってしまえば，増産投資を行うのに新規に銀行借入や新株発行を行わなければならなくなります。つまり，企業は内部留保を行うことによって，新規の借入や新株発行を減らすことができるのです。

　これまで，自己資本調達の分類について説明してきました。そのうち，創業時の株式発行以外の資金調達が図表3－4に簡単にまとめられていますので，

図表3－4　自己資本調達の基本的な分類

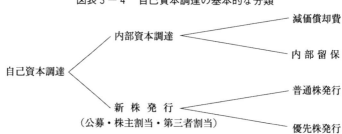

参考にしてください。

3. 4　自己資本調達と貸借対照表

　この章では，自己資本調達について説明してきましたが，それらの共通する点は，株主が提供している資本だということです。では，各企業について，株主が提供している資本の金額を知るにはどうすれば良いのでしょうか。これについては，貸借対照表の自己資本（純資産の部）から知ることができます[5]。

　図表3－5は，貸借対照表の貸方のうち，自己資本の部分をより詳細に示し

図表3－5　自己資本と貸借対照表

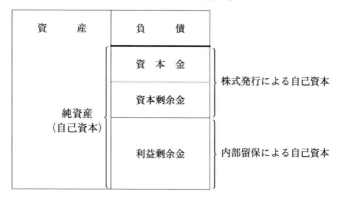

---

[5]　ただし貸借対照表の数字はストックを示しますので，ある年度に新規に提供された自己資本ではなく，過去から現在までに提供されてきた自己資本の金額になっています。

図表3－6　トヨタ自動車の貸借対照表（単独決算・貸方）

（2020年3月31日）

勘定科目	金額（百万円）
負債の部	
流動負債	
支払手形	56
買掛金	847,650
短期借入金	20,000
1年内償還予定の社債	30,000
上記以外の流動負債	3,167,312
流動負債合計	4,065,018
固定負債	
社　債	620,905
退職給付引当金	353,392
その他	179,039
固定負債合計	1,153,337
負債合計	5,218,355
純資産の部	
株主資本	
資本金	635,401
資本剰余金	
資本準備金	655,322
その他資本剰余金	5,947
資本剰余金合計	661,270
利益剰余金	
利益準備金	99,454
その他利益剰余金	13,362,989
利益剰余金合計	13,462,445
自己株式	-3,092,272
株主資本合計	11,666,845
評価・換算差額等合計	924,045
純資産合計	12,590,890
負債純資産合計	17,809,246

たものです。ここに示されているように，貸借対照表の資本の部のうち，資本金と資本準備金が，株式発行によって得た自己資本に対応します。これに対して，利益剰余金は，内部留保によって得た自己資本に対応します。

　図表3－6は，トヨタの貸借対照表の貸方側を示しています。これをみると，

トヨタの自己資本はストックで約12兆5,000億円あり，そのうち約1兆3,000億円が株式発行で得た自己資本，約13兆4,000億円が内部留保で得た自己資本であることがわかります。トヨタの場合，内部留保が自己資本の大半を占めることがわかります。これら以外に自社株買い戻し（第5章で説明します）による自己資本の減少などがあり，自己資本合計が約12兆5,000億円となっています。

3.5　株主にとっての収益性尺度：ROE

　何度も述べたように，自己資本調達に共通する点は，株主が提供している資本だということです。ですので，自己資本調達は株主資本調達とも呼ばれます。このとき，株主にとっての企業の収益性をどのようにして測るかという問題が生じます。第1章の【設例1－2】で，銀行借入を利用しているもつ鍋屋について，株主の収益率を出しましたが，これを現実の企業について計算するにはどうすればよいかということです。

　株主の収益率は，企業が株主のためにあげた利益を株主が提供している資本で割ることで求められます。このうち，株主のための利益としては，通常当期純利益が用いられます（第2章　図表2－4参照）。当期純利益は，法人税などまで差し引いた企業の最終的な利益で，全額株主のものとなります。

　次に，株主が企業に提供している資本は，貸借対照表の自己資本（純資産）に計上されます。以上より，株主の収益率を現実の企業を対象に算出するためには，次のROEという指標を用いることになります。

$$ROE = \frac{当期純利益}{自己資本}$$

　図表3－7は，主要企業のROEを示したものです。トヨタは株主から提供された資本に対して10%以上の収益をあげていることがわかります。ROAと同様に，どの企業も2019年度（2020年3月期）の数値が悪化しています。トヨタ，JR東日本はROEの低下が比較的緩やかですが，ソフトバンクのROEは大幅に悪化しています。ソフトバンクは2018年度（2019年3月期）にはROAを大

図表3−7　主要企業のROE（単独決算）

（単位：%）

	2020年3月期	2019年3月期
トヨタ自動車	11.3	15.2
ソフトバンク・グループ	-23.2	36.4
DeNA	-3.6	5.2
JR東日本	6.2	10.0

（出所）各社有価証券報告書より，ROE＝当期純利益／純資産 として計算（単独決算を利用）

幅に上回るROEをあげていました。ROEが激しくアップダウンする一つの理由として，自己資本比率が低いためにレバレッジ効果が働いている可能性があります。

3.6　自己資本調達とキャッシュ・フロー計算書

　これまで，貸借対照表を用いて企業のストックとしての自己資本を分析し，損益計算書を用いることで，株主にとっての収益率（ROE）を計算しました。一方，連結キャッシュ・フロー計算書を見ることで，企業の各年度におけるフロー（新規）の自己資本調達を連結ベースで知ることもできます。図表2−7に示されているように，連結キャッシュ・フロー計算書の財務活動によるキャッシュ・フローでは，企業の外部資本調達活動に伴う現金の流出入が示されています。企業が新株を発行して資金を調達した場合，株式の発行による収入に調達額が表示されることになります。また，営業活動のキャッシュ・フローのうち減価償却費は，その年の減価償却による資金調達を表すことになります。営業活動のキャッシュ・フロー合計から減価償却費を差し引き，さらに財務活動によるキャッシュ・フローに示される自社株取得や配当による支出を差し引けば，その年の内部留保による資金調達額を計算することができます。

　図表3−8は，JR東日本の2019年度の営業活動によるキャッシュ・フロー，財務活動によるキャッシュ・フローを示しています。減価償却費が約3,700億

図表 3 − 8　JR東日本の連結キャッシュフロー計算書：営業活動と財務活動による
キャッシュ・フロー

（2019年4月1日～2020年3月31日）

勘定科目	金額（百万円）
営業活動によるキャッシュ・フロー	
税金等調整前当期純利益	284,174
減価償却費	374,742
売上債権の増減額	20,120
仕入債務の増減額	-42,262
上記以外の営業活動からのキャッシュ・フロー	-88,082
営業活動によるキャッシュ・フロー合計	548,692
財務活動によるキャッシュ・フロー	
コマーシャル・ペーパーの増減額	150,000
長期借入れによる収入	129,100
長期借入金の返済による支出	-110,453
社債の発行による収入	105,000
社債の償還による支出	-125,000
自己株式の取得による支出	-40,018
配当金の支払い額	-59,764
上記以外の財務活動によるキャッシュ・フロー	-5,456
財務活動によるキャッシュ・フロー合計	43,409
現金及び現金等価物に係る換算差額	-97
現金及び現金等価物の増減額	-109,595
現金及び現金等価物の期首残高	263,739
会社分割に伴う現金及び現金等価物の減少額	-350
現金及び現金等価物の期末残高	153,794

円計上されており，その分企業内に現金が蓄積されていることになります。税
金等調整前利益が約2,800億円ですので，利益を超える金額が減価償却費とし
て内部資本調達されていることになります。また減価償却費を除いた営業活動
によるキャッシュ・フロー約1,740億円も企業に現金として流入しています。
ただし，自社株買いに約400億円，配当に約600億円を支払っていますので，
2019年度には約740億円が内部留保として内部資本調達されたことになりま
す。なお，財務活動によるキャッシュ・フローの中に，株式の発行による収入

がありませんので，JR東日本は2019年度には新株発行を行わなかったことに
なります。

【演習問題】────────────────

3−1　図表3−6と第2章図表2−5を用いて，トヨタのROEを計算しな
さい。

3−2　好きな企業の貸借対照表と損益計算書をEDINETから入手し，その
企業が行ってきた自己資本調達について，トヨタと比較しながら説明しなさ
い。またROEを計算しなさい。

3−3　好きな企業の連結キャッシュ・フロー計算書をEDINETから入手し，
その企業の自己資本調達について，JR東日本（図表3−8）と比較しながら
説明しなさい。

第 4 章

資金調達の基礎知識 2：負債資本調達

4.1　負債資本調達の基本的分類

　第1章で説明したように，企業の資金調達は大別して自己資本調達と負債資本調達に分類できます。このうち自己資本調達については前の章で説明しましたので，この章では負債資本調達について説明します。

　第1章でも説明したように，負債資本調達は，資本提供者に対して，一定の期日に一定の利子を支払い，返済期限が来れば元本を返済する義務を負う資金調達です。この負債資本調達は，返済期限までの期間によって，短期（流動）負債と長期（固定）負債に分けられます。短期負債とは，元本を1年以内に返済しなければならない負債であり，長期負債とは，返済期限が1年を超える負債です。基本的には，長期負債は設備投資などの長期間にわたってキャッシュ・フローを生み出す投資に用いられ，短期負債は一時的な資金不足を埋めるために利用されることになります。

　負債資本調達はまた，証券発行による負債資本調達と証券発行でない負債資本調達に分類できます。証券発行による長期負債資本調達として，社債発行をあげることができます。第1章で説明したように，証券は大口の権利を小口に細分化したもので，多数の人から少しずつ資金調達を行う際に適しています。企業が社債を1万枚発行することで合計100億円の資金調達を行い，毎年合計で1億円の利子を支払うとしましょう。このとき，一枚一枚の社債には，毎年利子を1万円受け取る権利が付いていて，社債を購入する人は1枚につき100

万円の資本提供を行うことになります。このように社債は，多数の人から少しずつ負債資本調達を行う際に適した資金調達手段となります。

　また証券は，流通市場が整備されていて，保有者はいつでも他人に売却できるという特徴があります。社債保有者は一度社債を購入した後，いつでも社債市場で社債を売却することで現金を回収できるため，資本を提供しやすいという特徴があります。このため，企業は社債を発行することで多数の人から大量の負債資本調達を行うことができるのです。

　なお，企業が社債を発行する場合，広く一般から資本提供者を募集する場合と，特定の企業や個人に社債の購入（引き受け）を依頼する場合があります。前者は公募，後者は私募と呼ばれています。

　次に，証券発行の性質を持つ短期負債資本調達として，コマーシャル・ペーパー（CP）発行をあげることができます。CPは優良企業が一時的な資金不足を解消するために発行することが多いようです。

　社債，CPに対して，銀行や保険会社などの金融機関からの借入は証券発行による資金調達ではありません。借入を行う際には，通常特定少数の金融機関から資金調達するため，金利などの条件が企業と金融機関の交渉の中で決定されることになります。このような取引は相対取引と呼ばれています。なお，借入金には長期借入金と短期借入金があります。日本では，高度成長期（1955年頃～1973年頃）において銀行借入が最も重要な資金調達手段であったことが知られています。

4．2　社債の種類：普通社債，転換社債，ワラント債

　先に説明したように，社債は証券発行による長期負債資本調達に用いられますが，実は普通社債の他に，転換社債，ワラント債という特殊な社債があります[1]。転換社債とは，発行企業の新株と一定の条件で転換できる権利の付いた社債です。ワラント債は，発行企業の新株を一定の価格（行使価格）で購入できる権利の付いた社債です。ここでは，設例を使って，これら3種類の社債

60 ——●

の違いを説明します[2]。

(1) 普通社債

まず普通社債について,【設例4－1】を用いて説明しましょう。

---【設例4－1】---------------------------

　投資家Aは,企業X発行の額面100円,発行価格98円の普通社債(満期5年,クーポン・レート8％)を1単位(額面100円分)購入した。

　普通社債を発行した場合,企業は毎年利息を支払い,満期が来れば額面を償還します。ここで毎年支払う利息はクーポンと呼ばれ,額面×クーポン・レートの金額を支払うことになります[3]。そのような普通社債に対して,Aさんは発行価格分だけ支払うことになります。したがって,企業Xの社債1単位を保有している投資家Aさんは,図表4－1のようなキャッシュフロー・パターンを得ることになります。

図表4－1　投資家Aのキャッシュフロー・パターン (単位:円)

発行目	1年目	2年目	3年目	4年目	5年目
－98	8	8	8	8	108

---

(1)　法律上,転換社債・ワラント債はいずれも新株予約権付社債に分類されます。新株予約権とは,当該企業の新株を一定の条件で購入できる権利(ワラント)のことです。ワラント債の場合は,この一定の条件が一定の価格を支払うことになるのに対し,転換社債の場合は,一定金額(額面)の転換社債を差し出すことになります。なお,転換社債・ワラント債の場合,新株予約権と社債がセットで発行されることになりますが,新株予約権を社債から切り離して取引することが可能なワラント債もあります(分離型)。また企業は新株予約権のみを発行することも可能です。

(2)　なお,転換社債,ワラント債以外にも,劣後債という特殊な社債もあります。これは,保有者に対する企業のキャッシュ・フロー配分の優先順位が,株主(優先株主を含む)よりは高いが普通社債権者よりは低いという社債です。キャッシュ・フロー配分の優先順位が低い分,普通社債よりはリスクが高くなりますが,その分高い金利で発行されることになります。

(3)　クーポン・レートは利率とも呼ばれます。

　いうまでもありませんが，企業はこの普通社債を発行することで，98円×発行社債単位数だけの資本を調達できることになります。

(2) ワラント債

　次に，ワラント債について【設例4－2】を用いて考えてみましょう。

【設例4－2】

　投資家Bは，企業Y発行の額面100円，発行価格100円，行使価格300円のワラント債（満期5年，クーポン・レート2％）を1単位（額面100円分）購入した。なおワラント債発行時における当該企業の株価は270円であったが，発行1年目（利息支払い直後）の株価は290円，発行2年目（利息支払い直後）の株価が350円になったとする。

　先に述べたように，ワラント債とは，発行企業の新株を一定の価格（行使価格）で購入する権利（ワラント）の付いた社債です。したがって，この【設例4－2】でワラント債を購入したBさんは，企業Yの新株1株を300円で購入できる権利を持つことになります。ただし，ワラント債はあくまでも社債ですから，毎年の利息（クーポン）支払いと満期における額面償還も行われます。ワラント債のこの部分は社債部分と呼ばれます。

　ワラント債と転換社債を考える際に重要なポイントは，例えばワラント債保有者がワラントを行使した場合に，社債部分が消滅するかどうかという点です。この点については，ワラント債は発行会社の新株を一定の価格で購入する権利が付いた社債ですから，ワラントという権利を行使しても，社債部分は消滅しません。したがってBさんは毎年額面×クーポン・レート＝2円をクーポンとして受け取り，満期には額面100円の償還を受け取ることになります。

　さらにBさんは，企業Yの新株を300円で購入する権利を持っていますから，この権利をいつ使うかを考える必要があります。まず，発行1年目に株価が290円になった時に，Bさんはこの権利（ワラント）を行使するでしょうか？答は明らかにノーです。株式市場に行けば290円で売買されているB社株をわ

ざわざ300円で買うのは損ですから，誰もそのような権利を使うことはないでしょう。

　では，発行2年目に株価が350円になったときはどうでしょうか？　今度は，Bさんはワラントを行使するでしょう。なぜなら，B社株を300円で購入して，株式市場ですぐに売れば350円で売ることができ，50円の利益をあげることができるからです。この結果Bさんのキャッシュ・フローは，毎年のクーポン収入，満期での額面償還の他に，2年目に50円を得るということになります。

　以上より，投資家Bさんのキャッシュフロー・パターンは図表4－2のようになります。ワラント債保有者のキャッシュ・フローは，発行会社の株価が上昇するほど大きくなります。

図表4－2　投資家Bのキャッシュフロー・パターン（単位：円）

(3)　転換社債

　では最後に，転換社債について，【設例4－3】を用いて考えてみることにしましょう。

【設例4－3】

　投資家Cは，企業Z発行の額面100円，発行価格100円，転換価格300円の転換社債（満期5年，クーポン・レート2％）を3単位（額面300円分）購入した。なお転換社債発行時における当該企業の株価は270円であったが，発行1年目（利息支払い直後）の株価は280円，発行2年目（利息支払い直後）の株価は400円になったとする。

　すでに説明したとおり，転換社債とは，一定の条件で発行企業の新株と転換できる権利の付いた社債です。したがってCさんは，自分が保有する転換社債と企業Zの新株を転換することができるわけですが，その際，保有する転換社債全体を（転換社債額面合計÷転換価格）株の新株と交換できることになります。

　【設例4－3】では，保有転換社債の額面合計÷転換価格＝300÷300＝1ですから，Cさんは保有している転換社債全てとC社株1株を交換できることになります。

　ただし，転換社債も社債の一種ですので，Cさんは転換社債を保有する限り，毎年のクーポンと満期における額面償還（社債部分）を受け取ることができます。では，Cさんが転換権を行使した場合，社債部分はどうなるでしょうか？

　これについては，転換社債は「発行会社の新株と転換できる権利の付いた社債」ですから，転換権を行使すれば，新株を受け取る代わりに転換社債を手放すことになり，社債部分は消滅することになります。

　以上から，Cさんのキャッシュフロー・パターンを考えてみましょう。最初に，いつ転換権を行使するかを考えてみます。まず，発行1年目（利息支払い直後）ですが，株価は280円になっています。もしこの時点で転換権を行使すれば，時価280円の株を手に入れる代わりに，転換社債を手放すことになりますので，その後のクーポンおよび額面の合計324円を受け取れないことになります。この場合，転換権を行使するかどうかは判断の分かれるところですが，時価280円の株を保有するより，クーポンおよび額面合計324円の方が価値が高いと思えば，Cさんは転換権を行使しないと考えられます[4]。

　では，発行2年目（利息支払い直後）はどうでしょうか？　この時，株価が400円になっていますので，転換権を行使すれば時価400円の株式を手に入れることになります。この株式をすぐに株式市場で売却すれば，400円のキャッシュを手に入れることができます。ただし，転換権を行使すれば，その後のクーポンおよび額面の合計318円は受け取ることができません。

---

[4]　280円は今受け取れるのに対して，324円は将来にわたって少しずつ受け取るので，両者を単純に比較することはできません。この点は，第6章で勉強します。

　この場合，Ｃさんは明らかに転換権を行使するでしょう。なぜなら，そのまま転換社債を保有していても合計で318円しか受け取れないのに対し，転換権を行使すれば400円のキャッシュを得ることができるからです。この結果，Ｃさんのキャッシュ・フローは図表４－３のようになります。転換社債保有者のキャッシュ・フローも，発行会社の株価が上昇するほど大きくなります。

図表４－３　投資家Ｃのキャッシュフロー・パターン（単位：円）

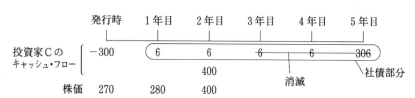

(4) 転換社債とワラント債発行の特徴

　これまでの説明から明らかなように，転換社債やワラント債の保有者は，発行会社の株価が上昇した時に転換権，ワラントを行使することで利益を得ることができます。このことから，転換社債，ワラント債は甘味剤の付いた社債と呼ばれることがあります。もっといえば，転換社債，ワラント債を購入する投資家は，社債部分による収益（クーポンと額面償還）よりも，株価の上昇による利益を得ることを期待していることが一般的です。

　転換社債，ワラント債は，このように甘味剤の付いた社債ですので，株価の上昇さえ見込めれば，クーポン・レートが低くても投資家が購入するという特徴があります。このことは，企業側から見れば，低いクーポン・レートで大量の資金を調達できるという特徴を持つことになります。

　図表４－４は，日本企業の社債発行の状況を示したものです。比較のため，新株発行合計も示しています。1990年代後半のバブル経済期には，株価の急激な上昇を背景に転換社債・ワラント債が普通社債より多く発行されたのですが，1990年代前半に普通社債発行を容易にする制度改正が行われたこともあり，近年では普通社債発行が転換社債発行を大幅に上回っていることがわかり

図表4－4　上場企業による社債・新株発行

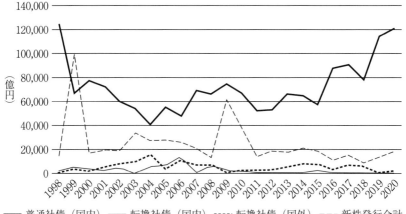

普通社債（国内）　　転換社債（国内）　‥‥転換社債（国外）　－－－新株発行合計

ます。普通社債発行はほとんどの年において新株発行合計も上回っており，内部資本調達と借入金を除けば，普通社債がもっとも一般的な資金調達手段であることがわかります。なお現在では，新株予約権の権利行使額が独立した資金調達データとして公表されており（図表3－3），ワラント債の発行額は公表されていません。

4.3　負債資本調達と貸借対照表

　これまで，負債資本調達の基本的な分類について説明しました。では，現実の企業について，どのような負債資本調達手段を利用しているかを知るには，どのようにすればよいのでしょうか。実はこのような情報は，貸借対照表の負債の部に表示されています。もちろん，貸借対照表はストックのデータを表していますので，計上されている数字はその年度に新規に行った負債資本調達の金額ではなく，過去から行ってきた負債資本調達のうち，まだ返済していない部分の金額を表します。

　図表4－5は，日本基準の貸借対照表の負債の部を示したものです。負債の

図表4－5　負債と貸借対照表（日本基準）

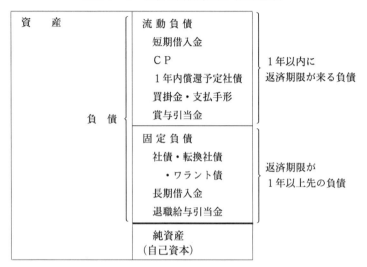

うち流動負債とは，1年以内に返済期限の来る負債で，ここでいう短期負債に
対応します。短期負債の中には，短期借入金，CPの他に，1年以内償還予定
の社債という項目が計上されることがあります。これは，過去に発行された社
債のうち，満期が1年以内に迫った社債のことを意味しています。一方固定負
債とは返済期限が1年以上先に来る負債のことで，ここでいう長期負債に対応
します。長期負債には，長期借入金や社債が含まれます。

　なお，図表4－5をみると，支払手形，買掛金や賞与引当金，退職給与引当
金などが負債に含まれています。支払手形，買掛金は商品や原材料の仕入れな
どで生じる債務であり，賞与引当金，退職給与引当金は，それぞれ将来の賞与
支払い，退職給与支払いの義務を表す債務です。つまり，これらの負債は負債
資本調達の結果生じた債務ではありません。一々，貸借対照表上の負債は，企
業が支払義務を負っている債務を全て表すものですから，このような負債資本
調達とは関係のない負債も含まれるのです。なお，貸借対照表上の負債のうち，
負債資本調達によって生じた債務，具体的には長短借入金と社債，転換社債，ワ
ラント債，CPは，他の負債と区別するために，有利子負債と呼ばれています[5]。

図表4－6　ソフトバンクグループの貸借対照表（単独決算・貸方）
(2020年3月31日)

勘定科目	金額（百万円）
負債の部	
流動負債	
短期借入金	1,427,167
1年内返済予定の短期借入金	1,136,454
コマーシャル・ペーパー	106,000
1年内償還予定の社債	150,000
上記以外の流動負債	73,103
流動負債合計	2,892,724
固定負債	
社　債	5,626,598
長期借入金	751,868
関係会社長期借入金	1,691,882
上記以外の固定負債	2,976,110
固定負債合計	8,153,733
負債合計	11,046,458
純資産の部	
株主資本	
資本金	238,772
資本剰余金	472,079
利益剰余金	
利益準備金	1,414
その他利益剰余金	3,553,128
利益剰余金合計	3,554,543
自己株式	-101,616
株主資本合計	4,163,777
評価・換算差額等合計	-26,725
純資産合計	4,153,205
負債純資産合計	15,199,663

　図表4－6は，ソフトバンクグループの貸借対照表の貸方を示したものです。

---

(5)　第1章で，企業が自己資本と負債を何対何で組み合わせているかを示す指標として自己資本比率を紹介しました。しかしながら，自己資本比率には，引当金などの負債資本調達と関係のない負債が有利子負債と同じように扱われているという問題点があります。資金調達の結果生じた自己資本と負債の組み合わせ比率を正確に知るためには，有利子負債比率（＝有利子負債÷(自己資本＋有利子負債)）の方がより正確な尺度といえるでしょう。

これをみると，有利子負債が合計で約11兆円（1,427,167＋1,136,454＋106,000＋150,000＋5,626,598＋751,868＝10,889,969（百万円））あり，自己資本の約4兆1,000億円を大きく上回っています。ソフトバンクが負債資本調達を多く用いてきたことがわかります。有利子負債の内訳をみると，借入金が合計で約5兆円（1,427,167＋1,136,454＋751,868＋1,691,882＝5,007,371（百万円））あり，社債と同程度の金額を金融機関や関係会社から借り入れていることがわかります。図表3－6をみると，トヨタは借入金が200億円に対し社債が合計約6,500億円となっており，ソフトバンクと違って主に社債で負債資本調達を行ってきたことがわかります。

4.4　負債資本調達とキャッシュ・フロー計算書

これまで，貸借対照表を用いて企業のストックとしての負債を分析しましたが，連結キャッシュ・フロー計算書の財務活動によるキャッシュ・フローを見ることで，企業の各年度におけるフロー（新規）の負債資本調達を知ることもできます。企業が借入金で資金調達した場合，借入による収入に金額が計上され，社債を発行した場合には社債発行による収入に金額が計上されます（図表2－7）。図表3－8をみると，JR東日本は2019年度に約1,300億円を借入金で調達する一方，約1,100億円の借入金返済を行っています。また社債を約1,000億円発行する一方で，償還を1,250億円行っています。借入金と社債による資金調達額が返済・償還額とほぼ同じですので，負債資本調達を行うことで負債の返済を行った（借り換えを行った）と推測できます。JR東日本はまた，短期の負債資本調達としてコマーシャル・ペーパーを1,500億円発行しています。

キャッシュ・フロー計算書では，営業活動・投資活動・財務活動によるキャッシュ・フローをベースに，企業全体のキャッシュ・フローを計算しています。図表3－8をみると，JR東日本では2019年度に，約1,100億円の現金が流出したことがわかります。期首の現金残高が約2,640億円で，会社分割による現金流出もあったことから，期末の現金残高が約1,540億円に減少しています。

図表4－7　資金調達の分類

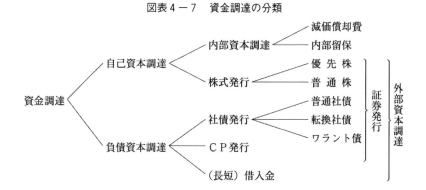

4.5　資金調達の分類

　第3章とこの章では，さまざまな資金調達手段について説明してきました。これまでの説明をまとめると，図表4－7のようになります。資金調達にはさまざまな種類がありますので，これをみて頭を整理しておくとよいでしょう。

【演習問題】————————————————————

4－1　好きな企業の貸借対照表をEDINETから入手し，その企業とソフトバンク（図表4－6）が行ってきた負債資本調達を比較し，説明しなさい。

4－2　好きな企業の連結キャッシュ・フロー計算書をEDINETから入手し，その企業とJR東日本（第3章　図表3－8）の負債資本調達内容を比較し，説明しなさい。

第5章

配当の基礎知識

　これまで，投資と資金調達の基礎的な内容について説明してきました。第1章で説明したように，企業の主な財務活動としては，資金調達，投資決定，配当をあげることができます。この章では，配当について説明することにします。

5.1　配当の意味と配当政策

(1)　配当とは

　第1章と第3章で説明したように，企業はその年にあげた株主のキャッシュ・フローを全て株主に還元するのでなく，その一部を将来の投資に備えて企業内に蓄積しています。

　第3章の【設例3−4】を思い出してみてください。この居酒屋は，1年目に60万円のキャッシュ・フローを得て，銀行への支払利息を支払った後，55万円が株主Iさんのキャッシュ・フローとして残ります。しかしながら，そのうち減価償却費分の20万円については，10年後の取替投資に必要な資金として居酒屋が取っておく必要がありますので，この時点では株主であるIさんに還元することができません。結局Iさんに還元できるのは残りの35万円ということになります。このように，企業が毎年株主に還元できるキャッシュ・フローは，おおよそ会計上の利益と一致することになります。

　しかしながら，この居酒屋は35万円全てを株主であるIさんに還元するとは限りません。居酒屋は2年目の最初に10万円の投資を計画していますから，株主に還元可能な35万円のうち例えば10万円を居酒屋内にとっておき，25万

円だけを株主であるＩさんに還元することができるのです。

　ここでいう25万円のように，株主に還元可能な金額のうち実際に株主に還元した部分は配当と呼ばれます[1]。なお第1章で，個々の株主にとっての利益額をみるために，1株当たり利益という尺度を使うことを説明しましたが，配当金額を表す際にも，1株当たり配当という尺度をよく使います。仮に【設例3－4】で，創業時に200株の株式が発行されていたとすれば，1年目の1株当たり配当は1,250円（$\frac{250,000}{200}$=1,250円）ということになります。

(2) 配当政策

　ゴーイング・コンサーンとしての特徴をもつ大企業は，このように，配当可能な金額のうちいくらを配当として株主に還元し，いくらを内部留保するかを決定する必要があります。これを企業の配当政策といいますが，配当政策について考えるためには，次の点に注意する必要があります。

　仮に，【設例3－4】の居酒屋が，1年目の終わりに配当可能なキャッシュ・フロー35万円を全額株主であるＩさんに配当したとしましょう。この場合，居酒屋は2年目の最初に増産投資を行うための資金10万円を全く持ちあわせていないため，銀行借入や社債発行，新株発行などの外部資本調達によって投資資金10万円を調達する必要があります。

　次に，配当に関する現実的な問題として，増配（前年よりも配当を増やすこと）は株主あるいは株式市場で歓迎されるのですが，減配（前年よりも配当を減らすこと）は，増配に対する歓迎以上に，株主に嫌がられる傾向にあることが指摘できます。常識的には，利益が増えて配当可能な金額が増えれば増配し，利益が減れば減配するというのが普通のように思えますが，株式市場にこのような傾向があるため，経営者は利益が減少してもできるだけ減配を避けようとする

---

[1]　企業がその年に株主に配当として払うことのできる金額は配当可能利益と呼ばれます。現実の企業の状況はもう少し複雑で，たとえば過去の内部留保も配当可能です。このため厳密には配当可能利益は当期純利益と一致しません。ただしここでは，配当可能利益は当期純利益とおおよそ同じになると理解しておいてください。

傾向にあります。

　また，ある年に一時的な要因で利益が増大した場合，増配すれば株主に歓迎
されるのですが，翌年に利益が元の水準に落ちて減配してしまえば，結局株主
からの評価は最初の時点よりも低くなってしまいます。株式市場にこのような
傾向があるため，経営者は一時的な要因で利益が上昇しても，簡単には増配し
ない傾向にあります。この結果，配当の変動は利益の変動に比べれば安定的に
なるのです。

　図表5－1は，ソフトバンクの1株当たり利益と配当を示したものです。ソ
フトバンクはこの20年の間に株式分割を2回行って発行済株式数が大きく増

図表5－1　ソフトバンクグループの1株当たり利益と配当

	1株当たり利益	1株当たり配当	株式分割	発行済株式数	1株利益（分割調整）	1株当たり配当（分割調整）	配当性向（％）
2001年3月	14.5	7		336,678,179	2.42	1.17	48.3
2002年3月	-94.68	7		336,876,826	-15.78	1.17	N.A.
2003年3月	-105.59	7		336,876,826	-17.60	1.17	N.A.
2004年3月	40.64	7		351,436,826	6.77	1.17	17.2
2005年3月	-46.58	7		351,498,126	-7.76	1.17	N.A.
2006年3月	10.13	2.5	1株→3株	1,055,231,478	5.07	1.25	24.7
2007年3月	-3.13	2.5		1,055,862,978	-1.57	1.25	N.A.
2008年3月	6.06	2.5		1,080,664,578	3.03	1.25	41.3
2009年3月	2.58	2.5		1,081,023,978	1.29	1.25	96.9
2010年3月	30.59	5		1,082,503,878	15.30	2.50	16.3
2011年3月	-2.12	5		1,082,530,408	-1.06	2.50	N.A.
2012年3月	23.08	40		1,107,728,781	11.54	20.00	173.3
2013年3月	67.84	40		1,200,660,365	33.92	20.00	59.0
2014年3月	204.13	40		1,200,660,365	102.07	20.00	19.6
2015年3月	2.75	40		1,200,660,365	1.38	20.00	1454.5
2016年3月	661.9	41		1,200,660,365	330.95	20.50	6.2
2017年3月	2477.76	44		1,100,660,365	1238.88	22.00	1.8
2018年3月	187.87	44		1,100,660,365	93.93	22.00	23.4
2019年3月	1818.47	44		1,100,660,365	909.23	22.00	2.4
2020年3月	-465.1	44	1株→2株	2,089,814,330	-465.10	44.00	N.A.

（出所）ソフトバンクグループ有価証券報告書より作成。1株当たり利益・配当の分割
　　　調整は，2005年3月期までは原データを6で割り，2006年3月期～2019年3月期
　　　は原データを2で割って計算することで，2020年3月期の値と比較可能にしている。

加しています。このため，１株当たりの利益・配当については，各年における実際の値だけでなく，時系列で比較できるよう調整した値も示しています。分割調整した値をみると，１株当たり利益は最高1,238円，最低−465円となっており，変動が激しいことがわかります。配当も変化がありますが１株当たり利益に比べれば変化が小さく，同じ値が数年続く傾向にあることがわかります。例えば2013年度（2014年３月期）には１株当たり利益が102円と前年の３倍を超える水準だったにもかかわらず配当は20円のままで，330.95円の１株当たり利益を稼いだ2015年度（2016年３月期）にようやく配当を0.5円引き上げています。１株当たり利益が1,238円という最高値を達成した2016年度にも1.5円配当を引き上げたにとどまっています。

　一方でソフトバンクは，この20年間で実質的には一度も減配していません。2005年度に１株当たり配当を７円から2.5円に減少させていますが，株式分割を同時に行っていますので，実質的には増配になっています。この20年間に赤字の年が６回ありますが，いずれも１株当たり配当は同じ金額を維持しています。2019年度は株式分割を実施していますので，赤字にもかかわらず実質的には大幅な増配となっています。経営者が減配を避ける傾向にあることがわかります。

　なお，例えば創立50周年記念配当など，企業は何らかの記念行事があった年に臨時的に増配することがあります。記念配当の場合には，最初から株主も臨時的な配当だと認識していますので，翌年に減配してもそれほど嫌がりません。このため，一時的な要因で増大した利益を株主に還元したい場合には，何らかの理由をつけて記念配当（増配）を行うことも考えられます。

5.2　配当の尺度：配当性向，配当利回り

　前の項で，配当の基本的な内容について説明しました。ここでは，企業が実際に株主に還元している配当の大小を判断するための尺度について説明します。なお以下では，再度第３章【設例３−４】について考えます。その際，こ

の居酒屋が創業時に200株の株式を発行していて，１年目の終わりに，株主に総額25万円の配当を支払ったとします（１株当たり配当1,250円）。

(1) 配当性向

　先の説明から明らかなように，この居酒屋は，最大で35万円の配当を支払うことができたのですが，実際に配当として支払ったのは25万円です。この時，配当可能な金額のうち71.43％が配当として株主に還元されたことになります（$\frac{25万}{35万}$＝71.43％）[2]。この指標は配当性向と呼ばれ，配当の大小を示す最も代表的な尺度になっています。正確には，配当性向は次の式によって求められます。

$$配当性向 ＝ \frac{配当総額}{当期純利益} ＝ \frac{１株当たり配当}{１株当たり利益}$$

　図表５－２には，主要企業の配当性向が示されています。2018年度（2019年３月期）についてみると，ソフトバンクの配当性向が非常に低く，利益の大部分を内部留保に回していたことがわかります。一方，DeNAは利益のうち比較的大きな割合を株主に配当していたことがわかります。2019年度（2020年３月期）は，新型コロナウイルスの影響で４社ともROA，ROEが低下しました。ソフトバンクとDeNAは配当性向の分母がマイナスのため，計算不能（N.A.）

図表５－２　主要企業の配当性向と配当利回り　　　（単位：％）

	配当性向		配当利回り	
	2020年３月期	2019年３月期	2020年３月期	2019年３月期
トヨタ自動車	43.6	33.5	3.4	3.2
ソフトバンク・グループ	N.A.	2.4	0.4	0.6
DeNA	N.A.	59.0	1.2	2.1
JR東日本	39.3	22.8	1.5	1.5

（出所）各社有価証券報告書，YAHOO ファイナンスを用いて作成。
（注）トヨタ自動車の配当性向は，普通株主への配当のみを用いて計算している。配当利回りは，前年度の株価を用いて計算している。

---

(2)　逆にいえば，配当可能な金額のうち28.57％は内部留保されたことになります。

と表示しています。業績悪化にもかかわらずトヨタは配当維持，JR東日本は増配したため，配当性向は増加しています。図表5－1でも，ソフトバンクが1株当たり利益の低下した2014年度に減配しなかったために配当性向が大幅に上昇しています。減配が一般的でないことから，景気低迷時には配当性向が高くなる傾向にあります。

(2) 配当利回り

【設例3－4】の居酒屋が，創業後すぐに上場し，株価総額が400万円になったとしましょう。このとき，株価は2万円（400万／200）になります。

居酒屋が上場した際に，Jさんがこの居酒屋株を1株購入したとします。このとき株価は2万円ですから，当然Jさんは居酒屋株の購入に2万円を支払ったことになります。そしてJさんは1年目の終わりに，配当として1,250円を得ることになります。

この時Jさんは，2万円の投資に対して1,250円の配当を得たことになりますので，6.25％のリターンを配当から得たことになります（$\frac{1,250}{20,000}=6.25％$）。この指標は配当利回りと呼ばれ，株式投資を行う人が，配当だけで何パーセントのリターンを得ているかを示すことになります。正確には，配当利回りは次の式で計算されます。

$$配当利回り＝\frac{1株当たり配当}{株　価}$$

図表5－2には，主要企業の配当利回りが示されています。配当利回りで見ると，トヨタが比較的多くの配当を支払っていることがわかります。株式投資にはリスクがありますので，第Ⅱ部で説明するように，投資家は株式投資を行う際には高い収益率を期待するはずです。ソフトバンクの配当利回りは1％を下回っており，多くの投資家にとって配当だけでは十分な収益を得られないと評価されるはずです。DeNA，JR東日本についても配当利回りは1〜2％程度で，多くの投資家が株式投資に対して期待する収益率よりも低いと思われますので，値上がり益（キャピタル・ゲイン）が見込めないと魅力的でないでしょう。

配当利回りは配当の大小を表す指標として用いられますが，株式投資の収益率を計算する際には，キャピタル・ゲインも加えて計算する必要があります。

5．3　その他の株主還元策：自社株買い戻しと株式分割

　これまで，配当に関する基本的な内容を説明してきましたが，そこでは，配当可能な利益の一部を全ての株主に現金で還元することを想定していました。このような株主還元は現金配当と呼ばれ，最もポピュラーな株主還元策ですが，実は，株主還元策には他にもいくつかの形態があります。

(1)　自社株買い戻し

　余剰資金のある株式会社が，かつて発行した自社株を買い戻すことを自社株買い戻し（自己株取得）といいます。次の【設例 5 － 1 】について考えてみましょう。

┌─【設例 5 － 1 】────────────────────

　Vさん，Wさん，Xさん，Yさんの 4 人がそれぞれ25万円ずつ，合計100万円出資し，弁当屋を開いた。 1 万円の出資につき 1 株の株式が発行され， 4 人はそれぞれ25株ずつ保有した。この弁当屋は，毎年，運が良ければ30万円，運が悪ければ15万円のキャッシュ・フローを得ると予想されていた。 1 年目のキャッシュ・フローは30万円で，減価償却費は10万円であったが，当面投資を行う予定はないので，20万円は余剰資金となっている。そこでこの弁当屋は自社株買い戻しを行うことにした。自社株買い戻し実施時の株価は 2 万円で，弁当屋は計10株の自社株買い戻しを行いたいと発表した。VさんとWさんがそれに応じ，それぞれ 5 株ずつ弁当屋に弁当屋株を売却した。

　【設例 5 － 1 】では，弁当屋に 4 人の株主（V，W，X，Y）がいて，弁当屋はVさんとWさんにそれぞれ10万円ずつ渡し，彼らが保有する弁当屋株を購入し

図表 5 － 3　自社株買い戻し

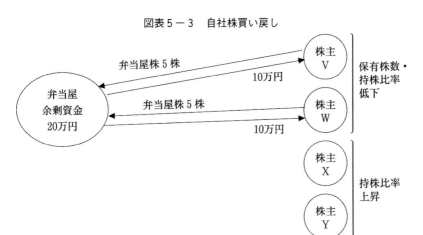

ます（図表 5 － 3 参照）。

　このとき，弁当屋は 1 年目にあげた株主のキャッシュ・フロー20万円を株主V，Wに還元しているわけですから，自社株買い戻しは配当と同様に，余剰資金を株主に還元する財務政策と考えることができます。ただし，自社株買い戻しの場合，全株主に余剰資金が還元されるわけではなく，買い戻しに応じた株主にのみ余剰資金が還元される点が，配当と異なっています。

　なお，読者の中には，自社株買い戻しに応じた株主だけが得をしているという印象を受ける人がいるかもしれませんが，実はそうではありません。

　というのも，自社株買い戻しが行われる結果，VさんとWさんの保有株数はそれぞれ20株に減少し，持株比率が25％から22.22％（$\frac{25-5}{100-10}=22.2$％）に低下します。一方，XさんとYさんの持株比率は27.78％（$\frac{25}{100-10}=27.78$％）に上昇します。このため， 2 年目以降に株主に配当が払われる場合には，VさんとWさんが受け取る配当額はXさんとYさんに比べて少なくなります。また，経営コントロール権においても，VさんとWさんの発言力は，XさんとYさんの発言力に比べて弱くなるはずです。

　図表 5 － 4 は，主要企業の配当・自社株買い総額を示しています。トヨタとJR東日本は， 2 年ともほぼ同水準の配当支払い，自社株買いを実施しており，

図表 5 － 4　主要企業の配当・自社株買い総額

	配当総額(百万円)		自社株買い総額(百万円)		自社株買い／株主還元(%)	
	2020年3月期	2019年3月期	2020年3月期	2019年3月期	2020年3月期	2019年3月期
トヨタ自動車	629,987	644,806	500,170	550,083	44.3	46.0
ソフトバンク・グループ	68,752	47,951	231,980	384,102	77.1	88.9
DeNA	5,814	4,645	33,852	0	85.3	0.0
JR東日本	59,764	55,585	40,018	41,020	40.1	42.5

（出所）各社有価証券報告書，株主資本等変動計算書（単独決算）より作成。

　総株主還元（配当＋自社株買い）に占める自社株買いの割合が40％を超えています。この2社は，自社株買いを配当とならぶ主要な株主還元策として実施している可能性があります。株主還元における自社株買いの重要性が大きくなったことから，最近では，配当と自社株買いをあわせてペイアウトと呼ぶようになりました。実はアメリカでは，2000年代以降，配当総額よりも自社株買い総額の方が大きくなっています。日本でも，ソフトバンクは配当よりも自社株買いを多く実施しています。

　ただし，自社株買いは配当に比べると安定的なものではありません。DeNAは，2018年度（2019年3月期）は自社株買いを実施しませんでしたが，2019年度（2020年3月期）には配当を大幅に上回る自社株買いを実施しました。ソフトバンクは，2019年度に株式分割を実施したことから配当総額が増えた一方で，自社株買いは減らしています。投資家は減配を嫌う傾向にありますが，自社株買いの変動は受け入れる傾向にあるといわれています。

　なお，第3章で説明したように，企業が新株を発行した場合には，資本提供者に株式を渡し，その見返りに資金を提供してもらいます。その意味では，自社株買い戻しはちょうど新株発行の逆の取引になっていますので，マイナスの増資と呼ばれることもあります。

(2) 株式分割

　現金配当，自社株買い戻し以外の株主還元策として，株式分割があります。

　これは簡単に言ってしまえば，現金ではなくその企業の株式を株主に与える

というものです。例えばその企業の株式を100株保有していた株主に，企業が株式を10株与えれば，その株主は110株保有することになります。これは，その株主が元々保有していた100株を細分化して110株にしたことになりますから，株式分割と呼ばれています。

　株式分割を行うメリットとしては，一般に次の点が指摘されています。まず，株式分割を行った場合，発行済株式数が増えますので，企業の株式価値総額が変わらなければ，1株当たりの価格，つまり株価が低下すると考えられます。株価が下がれば，それまで資金が足りなかったためにその企業の株式を購入できなかった投資家もその企業に投資できるようになります。この結果，個人株主が増えるなど，株主の層が広がり，株式の取引が活発になると考えられます。

　また図表5－1からわかるように，企業は株式分割を行っても，1株当たり配当はそれほど下げないことが一般的です。このため，企業が株式分割を行えば，株主にとっては，保有株数が増えるために，実質的に増配されたのと同じ効果が得られるのです。

【演習問題】

5－1　好きな企業の有価証券報告書をEDINETから入手し，1【主要な経営指標等の推移】(2) 提出会社の経営指標等から過去5年間の1株当たり配当と配当性向を調べ，ソフトバンク（図表5－1）と比較して説明しなさい。また発行済株式数が大きく増加している年があれば，株式分割を実施したか調べなさい。

5－2　好きな企業の連結キャッシュ・フロー計算書をEDINETから入手し，総株主還元に占める自社株買いの割合を計算し，JR東日本（第3章　図表3－8）と比較しなさい。

第 II 部

コーポレート・ファイナンスの
理　論

　第Ⅰ部では，コーポレート・ファイナンスを勉強する上での基礎知識として，企業の財務活動にはどのようなものがあるかを，簡単に説明してきました。ここまで読み進んだ読者は，財務活動の全体像が何となくイメージできたのではないかと思います。

　第Ⅱ部では，一つひとつの財務政策について，「どのような財務政策をとるのが最適なのか？」という問題を考えます。具体的には，どのような投資を実行すべきで，どのような投資は実行すべきでないのか（第8章，第9章），どのような資本構成が最適なのか（第10章，第12章），どのような配当政策が最適なのか（第11章，第12章）といった問題を考えることになります。

　コーポレート・ファイナンスでは，このように最適な財務政策を考える際，株主の富を最大にする財務政策が最適であると想定します。コーポレート・ファイナンスはおカネの面に注目して企業を分析する学問ですから，企業におカネを出している資本提供者，なかでも株主の立場から企業を分析するのです。そして，株主が企業に対して求めるのは株式価値（＝株価×発行済株式数）の最大化にほかなりませんから，コーポレート・ファイナンスでは株式価値を最大化する財務政策を考えることになります（厳密には，第7章で説明するように，企業価値を最大化する財務政策を考えます）。このため，まずは株価，社債価格や企業価値がどのように決まるかを学習する必要があります（第7章）。また，これらの問題を考える上で不可欠なのが現在価値計算という考え方で，第Ⅱ部はその説明からスタートします（第6章）。

　なお，第Ⅰ部では，ゴーイング・コンサーンの企業を想定すると，会計上の利益とキャッシュ・フローが一致しないことを説明しましたが，最適な財務政策を理論的に考える場合には，キャッシュ・フローのみに注目することになります。これは，会計上の利益はどうであれ，キャッシュ・フローの面で最大の稼ぎを得ることが資本提供者にとって最も望ましいと考えられるからです。このため第Ⅱ部は，会計上の利益といった話はあまり頭に入れずに，とにかくキャッシュ・フローがどうなるかを考えながら読み進めて欲しいと思います。

第6章

現在価値計算

6.1 現在価値計算とは？

　コーポレート・ファイナンスで分析対象とするのは，主に投資決定，資金調達，配当政策などの財務的意思決定です。このうち投資は，現在キャッシュを支払って，将来キャッシュを得る取引と考えることができます。また資金調達は，現在キャッシュを受け取り，将来配当や支払利息などの形でキャッシュを支払う取引だと考えることができます。このように考えると，コーポレート・ファイナンスでは，時点の異なるキャッシュの価値を比較する必要があるということになります。

　例えば，現在の1万円と1年後の1万円の価値を比較することにしましょう。このような比較を行うには，2つの方法があります（図表6-1参照）。一つは，現在の1万円の1年後における価値を計算し，それを1万円と比較するという方法です。もう一つの方法は，1年後の1万円の現在における価値を計算し，それを1万円と比較するというものです。どちらも正しい方法ですが，コーポレート・ファイナンスでは，後者の方法を用いるのが一般的になっています。このとき，将来のキャッシュの現在における価値を計算することを現在価値計算といい，計算された値は現在価値と呼ばれています。

図表6－1　現在の1万円と1年後の1万円の価値を比較する方法

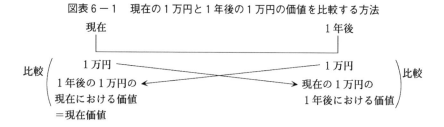

6．2　リスクのないキャッシュ・フローの現在価値計算

次の質問について考えてみて下さい。

――――――― 質問6－1 ―――――――

　あなたは，今日1万円もらえるのと，1年後に1万円もらえるのと，どちらが嬉しいですか？

　この質問に対して，おそらくほとんどの人は，今日1万円もらえる方が嬉しいと答えると思います。このことは，今日の1万円は1年後の確実な1万円よりも価値が高いことを意味しています。では，なぜ今日の1万円は1年後の確実な1万円よりも価値が高いのでしょうか？

　この点についての一つの回答は，今日1万円をもらって，すぐに銀行に預金しておけば，1年後には1万円よりも大きくなるからです。具体的に数字をあげて考えていくことにしましょう。いま，預金金利を10％とします。このとき，今日1万円もらえば，1年後には確実に，

　10,000×(1＋0.1)＝11,000円

になります。言い換えれば，今の1万円は，1年後の確実な1万1,000円と同じ価値になるのです。この時，今の1万円の1年後における価値は1万1,000円ということができます。

　逆にいえば，1年後の確実な1万1,000円の現在価値は，1万円ということになります。これは，次の計算式によって求められることになります。

$$\frac{11,000}{(1+0.1)} = 10,000$$

　同じように，今1万円もらったとして，これを2年間銀行に預金しておくと
しましょう。このとき，今の1万円は2年後には確実に，

$$10,000 \times (1+0.1) \times (1+0.1) = 10,000 \times (1+0.1)^2 = 12,100円$$

になります。つまり，今の1万円の2年後における価値は1万2,100円になり
ます。これは，2年後に確実に1万2,100円を手にするには，今，1万円を預
金等で運用すればよいことを意味します。したがって，2年後の確実な1万
2,100円の現在価値は1万円なのです。これは，次の計算式によって求められ
ることになります。

$$\frac{12,100}{(1+0.1)^2} = 10,000$$

　一般に，預金金利をr（$0 < r < 1$）とすると，C円をn年間銀行に預金すれば，

$$C(1+r)^n 円$$

になります。つまり，現在のC円のn年後の価値は$C(1+r)^n$円であり，n年
後の確実な$C(1+r)^n$円の現在価値はC円になります。このとき，次の 基礎
理論6－1 が成立することになります。

基礎理論6－1

　　rを安全利子率（預金金利）とすると，n年後に確実に得られるキャッシ
　ュ・フローC円の現在価値は$\dfrac{C}{(1+r)^n}$円になる。

【例題6－1】　3年後に確実にもらえるキャッシュ・フロー30万円の現在価
　　値はいくらか？　ただし安全利子率を7％とする。

＜解　答＞

　　基礎理論6－1 より，

$$\frac{300,000}{(1+0.07)^3} = 244,889.4$$

　　（答）24万4,889.4円

【例題６－２】お世話をした友達から，１年後に300円，２年後に200円，３
　　年後に100円をキャッシュでもらう約束をした。このキャッシュ・フロー
　　全体の現在価値はいくらか。安全利子率を５％とする。

＜考え方＞

　　この場合，キャッシュ・フローが３つあるため，足し算を行う必要があり
ますが，それぞれのキャッシュ・フローが得られるタイミングが異なるので，
当然そのままでは足すことができません。しかし，それぞれの現在価値を出
せば，全て同じ時点（現在）での価値になるので，足し算をすることができ
ます（図表６－２参照）。

図表６－２　時点の異なるキャッシュ・フローの現在価値計算

（単位：円）

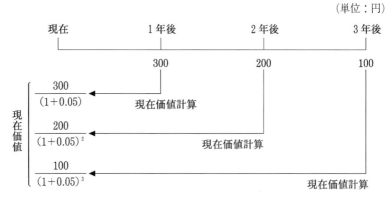

＜解　答＞

$$\frac{300}{(1+0.05)} + \frac{200}{(1+0.05)^2} + \frac{100}{(1+0.05)^3} = 553.5039$$

　　（答）553.50円

6.3　リスクのあるキャッシュ・フローの現在価値計算 (1)

　現在価値計算の最も基本的な方法は 基礎理論6－1 で示されていますが,注意しなければならないのは,そこでは,将来確実に得られるキャッシュ・フローの現在価値が求められているということです。

　しかしながら第1章で説明したように,コーポレート・ファイナンスでは,リスクのあるキャッシュ・フローを取り扱うのが一般的です。例えばNTTドコモが新規に5Gの基地局を建設する場合,投資から得られる将来キャッシュ・フローは確実なものではなく,リスクを伴っていると考えるのが普通でしょう。このようにリスクのあるキャッシュ・フローの現在価値計算は,必然的に,確実な（リスクのない）キャッシュ・フロー計算と違う形になるはずです。

　ここで,次の質問について考えてみてください。

―――― 質問6－2 ――――

　あなたは友達のお世話をしました。その友達は,お礼に次の2つの提案をしました。一つは,1年後の今日に確実に1万円をあなたにあげるというものです（提案A）。もう一つは,1年後の今日,晴れたら2万円をあなたにあげ,雨だったら何もあげないというものです（提案B）。さて,あなたはどちらを選びますか？ 安全利子率は5％で,1年後の今日晴れる確率は50%,雨が降る確率は50%とします。

　どちらの提案を選ぶか結論を出す前に,まず提案Bについて,その特徴を整理しておきましょう。提案Bから得られるキャッシュ・フローにはリスクがありますが,期待キャッシュ・フローは次のように計算できます。

$$\frac{50}{100} \times 20,000 + \frac{50}{100} \times 0 = 10,000 円$$

　この計算から明らかなように,提案Bから得られる期待キャッシュ・フローは,提案Aから得られる期待キャッシュ・フローと全く同じになります。言い

換えれば提案Bは，提案Aと期待キャッシュ・フローは同じだが，リスクのあるキャッシュ・フローということになります。

　このように考えると，おそらく多くの人が，提案Aを選ぶのではないでしょうか。というのも，一般に人間はリスクを避けたいと考える傾向にあり，期待リターンが同じであれば，リスクの低いものを好む傾向にあるからです。人々のこのような特性は，リスク回避と呼ばれます[1]。

　多くの人が提案Aを選ぶということは，提案Bのキャッシュ・フローの現在価値は，提案Aのそれに比べて低いということです。ここで，提案Aのキャッシュ・フローの現在価値は，$\boxed{\text{基礎理論6－1}}$ を使って，

$$\frac{10,000}{(1+0.05)} = 9,523.81 円$$

になりますから，提案Bのキャッシュ・フローの現在価値は，9,523.81円より低いはずだということになります。

　ここで，仮に，人々が提案Bのキャッシュ・フローの現在価値は8,000円であると考えているとしましょう。このとき，8,000円という現在価値は，理屈上次のように計算されることになります。

$$\frac{10,000}{(1+0.05+0.2)} = 8,000 円$$

　この式は，次のように解釈できます。リスクのある提案Bのキャッシュ・フローの現在価値を求める際，分子には期待キャッシュ・フローを用います。確実なキャッシュ・フローであれば，得られる金額をそのまま使えばいいのですが，リスクがある場合は，キャッシュ・フローが一つに定まらないので，その

---

[1]　もう少し説明すると，同じ期待収益率ならばリスクの低いものを好むという性質をリスク回避的といいます。これに対して，期待収益率が同じであればリスクの大小は関係ない（リスクとは無関係に期待収益率が高いものを好む）という性質をリスク中立的といい，期待収益率が同じであればリスクの高いものを好むという性質をリスク愛好的といいます。ここで説明しているように，コーポレート・ファイナンスでは，人はリスク回避的であると想定することが一般的ですが，場合によっては，話を簡単にするために人はリスク中立的であると想定することもあります。

期待値を用います。次に分母のうち1＋0.05は，確実なキャッシュ・フローの現在価値計算の場合と同じで，1＋安全利子率ですが，ここではさらに0.2を分母に加えています。このように，リスクのあるキャッシュ・フローの現在価値を計算する際には，分母の値を大きくすることによって，現在価値がより低くなるような操作を行うのです。この0.2は，キャッシュ・フローのリスクに対応して加えられる値ですので，リスク・プレミアムと呼ばれています。

以上の考え方から，次の 基礎理論6－2 が成立します。

基礎理論6－2

rを安全利子率とすると，n年後に得られるリスクのあるキャッシュ・フローC円の現在価値は $\dfrac{E(C)}{(1+r+\rho)^n}$ 円になる。ただし，$E(C)$は期待キャッシュ・フロー，ρはキャッシュ・フローのリスクに対応するリスク・プレミアムである。

先にも述べたように，ρはキャッシュ・フローのリスクに合わせて設定されるので，キャッシュ・フローのリスク（標準偏差）が大きくなるほど，ρも大きくなります。また 基礎理論6－2 と 基礎理論6－1 を見比べるとわかるように，確実なキャッシュ・フローの現在価値計算は，リスクのあるキャッシュ・フローの現在価値計算の特別な場合だと考えることもできます。なぜなら，リスクのないキャッシュ・フローを考える際には，リスク・プレミアムは当然ゼロになりますが，基礎理論6－2 で示された式のρをゼロとすれば，結局 基礎理論6－1 で示された式と同じ式になるからです。

なお，このような現在価値計算は別名割引計算とも呼ばれ，$r+\rho$は割引率と呼ばれます[2]。

---

[2] 将来のキャッシュ・フローについて現在価値計算を行うと，元々の金額より必ず低い値が出ます。つまり，現在価値計算は将来のおカネを$r+\rho$を用いて割り引いているのです。

【例題6－3】 1年後に，70％の確率で100万円，30％の確率で200万円のキャッシュ・フローが得られるとする。このキャッシュ・フローの現在価値はいくらか？ 安全利子率は4％，キャッシュ・フローのリスクに見合うリスク・プレミアムを5％とする。

＜解　答＞

期待キャッシュ・フローは次のように計算される。

$$\frac{70}{100} \times 100\text{万円} + \frac{30}{100} \times 200\text{万円} = 130\text{万円}$$

したがって，このキャッシュ・フローの現在価値は，

$$\frac{1,300,000}{(1+0.04+0.05)} = 1,192,661$$

（答）119万2,661円

【例題6－4】 1年後から3年後まで，毎年末に期待値で10万円のキャッシュ・フローが得られるとする（リスクあり）。このキャッシュ・フローの現在価値を求めなさい。安全利子率は3％，キャッシュ・フローのリスクに見合うリスク・プレミアムを9％とする。

＜解　答＞

$$\frac{100,000}{1+0.03+0.09} + \frac{100,000}{(1+0.03+0.09)^2} + \frac{100,000}{(1+0.03+0.09)^3} = 240,183.1$$

（答）24万183.1円

6.4　リスクのあるキャッシュ・フローの現在価値計算(2)：もう一つの考え方

　前の節で，リスクのあるキャッシュ・フローの現在価値計算について説明しましたが，これについては，次のように考えることも可能です。

　なお，コーポレート・ファイナンスの考え方を正しく理解するには，これか

ら説明する考え方を頭に入れておく必要がありますので，そのつもりで読んで欲しいと思います。

　銀行の普通預金と投資信託という 2 種類の金融商品があるとします。投資信託というのは，多くの個人から集めたお金を株式などに投資し，利益があがれば，お金を出した個人に還元するというものです。いわば，われわれ個人が株式投資をするときに，自分で直接株式を選ぶのでなく，投資信託というプロにお金を預けて，代わりに株式投資をやってもらうと考えればよいでしょう[3]。

　ここで普通預金の金利が 5 ％だとすると，投資信託の期待収益率は 5 ％よりも高くなっているのが普通です。なぜなら，集めた資金を株式などに運用する投資信託にはリスクがあるため，人々は預金金利よりも高い期待収益率を求めるからです。そこで，この投資信託の期待収益率が25％だとしましょう。このとき，人々はリスクのある投資信託に対して，預金よりも20％高い収益率を期待していることになります。この場合，いま 1 万円もらって，投資信託に運用すれば， 1 年後には，次の金額になっていると期待されます。

$$10,000 \times (1+0.25) = 12,500$$

　もちろん，25％というのはあくまで「期待」収益率ですから， 1 年後の12,500円というのもあくまで期待値であり，本当にその金額になるかどうかわかりません（リスクがあります）。とはいえ， 1 年後にリスクのある12,500円を得るためには，今， 1 万円を投資信託に運用すればよいということは間違いありません。したがって， 1 年後のリスクのある 1 万2,500円の現在価値は 1 万円なのです。このことは，上の式を変形した次の計算式で表現されることになります。

$$\frac{12,500}{1+0.25} = \frac{12,500}{(1+0.05+0.2)} = 10,000$$

この式は 基礎理論 6 － 2 と同じ式になっています。

---

[3]　投資信託はまた，多くの個人から少しずつ大量のおカネを集めるため，個人では資金的に不可能なポートフォリオ運用（分散投資）を行えるという特徴もあります。なお投資信託には株式に運用するものだけでなく，国債や社債などを中心に投資するものもあり，リスクとリターンの異なる多様な商品が用意されています。

　このように考えると，投資信託と同程度のリスクのあるn年後のキャッシュ・フローC円の現在価値が，

$$\frac{E(C)}{(1+r+\rho)^n}$$

になるというのも，理解できると思います。

　企業が得る（支払う）キャッシュ・フローには，リスクが低いものもあれば，リスクの高いものもあるでしょう。一方で金融市場には多種多様な金融商品（株式，債券，投資信託など）が存在します。コーポレート・ファイナンスの世界では，金融市場にはあらゆるリスクの金融商品が存在し，それぞれのリスクに見合った期待収益率が存在していると考えています（ハイリスクであれば，ハイリターンとなります）。企業が得る（支払う）キャッシュ・フローの現在価値計算を行う際には，そのキャッシュ・フローのリスクと同じリスクの金融商品を見つけてきて，その期待収益率を割引率（安全利子率＋リスク・プレミアム）として計算を行うことになります（図表6－3参照）。これは，例えば企業の投資が

図表6－3　金融市場と割引率

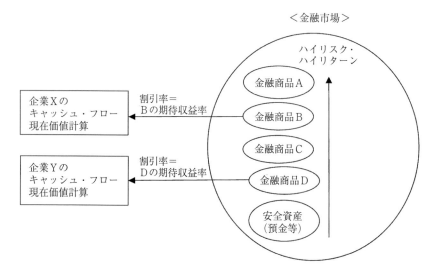

生み出すキャッシュ・フローの現在価値計算を行う場合，同じリスクの他の投資機会（金融商品）に投資した時に得られる期待収益率を割引率とすることを意味します。このため，コーポレート・ファイナンスのテキストでは，しばしば「機会コストを割引率とする」と書かれています。なお，実際に割引率を特定する方法は，第8章で説明することになります。

【演習問題】

6－1　1年目から4年目まで毎年末に確実に80万円のキャッシュ・フローが得られるとします。このキャッシュ・フローの現在価値を求めなさい。安全利子率を4％とします。

6－2　1年目から4年目まで，毎年末にリスクのあるキャッシュ・フロー80万円（期待値）が得られるとします。このキャッシュ・フローの現在価値を求めなさい。安全利子率を4％，キャッシュ・フローのリスクに見合うリスク・プレミアムを2％とします。

6－3　1年目に10万円，2年目に20万円，3年目に30万円，4年目に40万円のキャッシュ・フローが年末に得られると予想されています（金額は全て期待値）。ただしこれらのキャッシュ・フローにはリスクがあります。この現在価値を求めなさい。安全利子率を5％，キャッシュ・フローのリスクに見合うリスク・プレミアムを4％とします。

第 7 章

株式価値・負債価値と企業価値

　第Ⅱ部の最初に述べたように，コーポレート・ファイナンスでは，株式価値を最大化する財務政策を考えるという特徴があります。つまり，資金調達や投資決定などを行う際には，株価や債券価格がどのように決まるかを知っておく必要があるのです。

　また，株価・債券価格を求める作業は，前の章で学習した現在価値計算の格好の応用例です。そこでここでは，株式・債券といった金融商品の価格決定について，基礎的な理論を学習することにします。

7.1　金融商品とは？

　株式や債券などの金融商品の価格を考えるには，そもそも金融商品とは何か？ ということを理解しておく必要があります。第1章と第3章で説明したように，株式とは，企業が自己資本調達を行った時に資本提供者に発行する証券です。株式の保有者は株主と呼ばれ，企業のキャッシュ・フローから債権者への返済等を差し引いた残余を受け取る権利を有しています。

　これに対して債券とは，企業あるいは国，地方公共団体などが負債による資金調達を行った際に，資本提供者に発行する証券です。企業が発行する債券は社債，国が発行する債券は国債と呼ばれています。債券発行は負債資本調達ですので，その保有者である債権者は発行者が得たキャッシュ・フローの大小に関係なく，一定の期日に一定の金額を受け取る権利を有しています。

　さて，金融商品の価格について考える際には，次のような理解をしておくと

わかりやすいでしょう。

> 　金融商品とは，保有者が将来，○○％の確率で△△円，××％の確率
> で◇◇円を受け取ることのできるチケットである。

　第 4 章で説明したように，仮にあなたが，額面1,000円，クーポン・レート
6 ％，満期 3 年の普通社債を保有していれば，あなたは 1 年目から 3 年目まで
毎年60円（1,000× 6 ％）を利息として受け取り，満期が来れば（ 3 年目には）
1,000円を受け取れることになります。このように債券は，「保有者は将来○○％
の確率で△△円を受け取れます」と書かれたチケットと考えることができるの
です[1]。

　一方，先にも述べたように，株主は企業が得たキャッシュ・フローの残余を
配当として受け取る権利を持っていると同時に，いつでも株式を売却すること
でキャッシュ・フローを得ることができます。仮にあなたがある企業の株式を
保有していて， 1 年後に配当を受け取った後すぐに売却する予定だとします。
もしあなたが 1 年後の配当と株価について，「50％の確率で配当が1,000円，株
価が9,000円になり，50％の確率で配当が500円，株価が4,500円になる」と予
想しているとすれば，あなたにとっては，その企業の株式は，保有者が 1 年後
に50％の確率で 1 万円，50％の確率で5,000円を受け取ることのできるチケッ
トと同じ意味を持つのです。

---

[1]　企業が行っている投資にはリスクがありますから，社債を購入した場合，約束され
た利息と額面償還を100％受け取れるとは限りません。あなたが額面1,000円の社債を
保有していて，10％の確率で発行企業がデフォルトに陥り，900円しか額面償還を受
け取れないと予想しているとしましょう。この時，あなたにとってその社債は「90％
の確率で1,000円の額面償還を受けとれ，10％の確率で900円の額面償還を受けとれる
チケット」という意味を持つことになります。

7. 2　金融商品の価格決定：基本原理

　先に述べたように，金融商品とは，保有者が将来，○○％の確率で△△円，
××％の確率で◇◇円を受け取ることのできるチケットのようなものですが，
では，そのようなチケットの価格はどのように決まるのでしょうか？　この点
について考えるために，次の質問について考えてみることにしましょう。

―――――― 質問7－1 ――――――

　Aさんがあなたに，「これを持っている人は，Aさんから今すぐ確実に
5万円受け取れます」と書かれたチケットを1枚売ろうとしている。あ
なたはこのチケットを買うのに，いくら払ってもよいと思うか？　また，
このチケットにはいくらの値段がつくだろうか？　なお，Aさんは100％
約束を守る人だとする。

　もしこのチケットが6万円で売られているとして，あなたはこのチケットを
買う気になるでしょうか？　答えは間違いなくノーです。もしあなたがこのチ
ケットを6万円で買えば，それをAさんに渡しても5万円しかもらえないので，
あなたは1万円の損をすることになります。したがって，このチケットが6万
円で売られていたとしても，このチケットを買う人は一人もいないでしょう。
これに対して，このチケットが4万円で売られていたとします。あなたはこの
チケットを買う気になるでしょうか？　きっと今度はイエスでしょう。もし4
万円で買うことができれば，買ってすぐチケットをAさんに渡せば5万円もら
えますので，あなたは1万円の利益を得ることができます。
　しかし，この場合は，あなただけでなく，誰でもこのチケットを欲しいと思
うでしょうから，たった1枚のチケットをめぐって，たくさんの人が買いに来
ることになります。そうすると恐らく，次のようなことを言う人が出てくるで
しょう。

「僕は 4 万1,000円出すから，僕にそのチケットを売ってください」

なぜなら，この人は仮に 4 万1,000円でチケットを買っても，すぐに 5 万円もらえるので，9,000円の利益を得られるからです。では，このチケットの価格は 4 万1,000円に決まるのでしょうか？

答えはノーです。なぜなら，この場合きっと，別の人が出てきて，

「私は 4 万5,000円出すので，私にそのチケットを売ってください」

と言ってくるからです。このような駆け引きが続いていく結果，このチケットの価格は上がり続け，最終的には 5 万円で落ち着くことになります。

この簡単な話は，金融商品の価格を考える上で，重要なヒントになります。結論をいえば，金融商品の価格は，結局はその保有者が得るキャッシュ・フローの価値に等しくなるのです。

ただし，上の質問 7 − 1 はあまりに簡単すぎて，現実の株式や債券の話とは，かなりかけ離れています。そこで，次の質問 7 − 2 について考えてみましょう。

━━━ 質問 7 − 2 ━━━

Ｂさんがあなたに，「これを持っている人は 1 年後にＢさんから確実に 5 万円受け取れます」と書かれたチケットを売ろうとしている。あなたはこのチケットを買うのに，いくら払っていいと思うか？　なお，Ｂさんはとてもお金持ちで，約束を裏切ることのない信用できる人である。安全利子率を 3 ％とする。

先ほどと違い，今度のチケットには，「1 年後」という将来の約束が示されています。ただしＢさんはお金持ちで信用できる人ですから，あなたは，この約束は100％守られると考えているとします。

この質問について，すでに皆さんは現在価値計算を学習していますので，次のように考えることができるでしょう。1 年後にもらえるキャッシュ・フロー

の現在価値を計算すると，$\dfrac{50,000}{1+0.03}=48,543.69$円となります。つまり，質問7－2のチケットは，「これをもっている人は今すぐ確実に，Bさんから4万8,543.69円受け取れます」と書かれているに等しいのです。

　こう考えると，先の質問7－1と全く同じ考え方を使うことができます。仮にこのチケットが5万円で売られているとして，買う人はいるでしょうか？答えはノーです。このチケットを仮に5万円で買っても，受け取れる金額は現在価値で4万8,543.69円ですから，約1,456円の損となってしまいます。したがって5万円でこのチケットを買う人は一人もいないでしょう。

　この話は，次のように考えることもできます。安全利子率が3％ということは，あなたは，このチケット以外に，確実に3％の収益率をあげる運用先を有していることになります（機会コストが3％）。もし，5万円を1年後に受け取りたければ，この安全な運用先に投資すれば，48,543.69円の投資で済むことになります。しかし，このチケットへの投資で1年後に5万円を得るには，今，5万円投資しなければいけないわけです。同じリスクの代替的な運用先に比べて，約1,456円も余計にお金がかかるわけですから，このチケットに投資する人はいないでしょう。

　これに対して，このチケットが4万5,000円で売られていたらどうでしょう？

　この場合は，多くの人がこのチケットを買いたいと思うはずです。なぜなら，4万5,000円でチケットを買って，受け取れる金額は現在価値で4万8,543.69円ですから，約3,543円の利益を得ることができるからです。言い換えれば，同じリスクの代替的な運用先で1年後に5万円を得るには48,543.69円の投資が必要なのに対して，このチケットへの投資は4万5,000円で済むわけですから，3,543円得をするわけです。

　そうすると結局，「僕は4万6,000円で買う」「いや，私は4万7,000円で買う」という人達が出てきて，値段がどんどん釣り上がっていくでしょう。そして最終的には，このチケットの値段は4万8,543.69円に落ち着くと考えられます。

　この話は，次の 基礎理論7－1 が成立することを意味しています。

基礎理論 7 － 1

　株式，債券などの金融商品の価格は，その保有者が将来得ると予想されているキャッシュ・フローの現在価値に等しくなる。

7. 3　債券価格決定の基礎理論

(1) 債券のキャッシュフロー・パターンと理論価格

　前の節の 基礎理論 7 － 1 を使えば，あらゆる金融商品の理論価格を計算することができます。ただしそのためには，さまざまな金融商品を保有した時に，保有者がいつ，どのようなキャッシュ・フローを受け取れるかというキャッシュフロー・パターンを知っておくことが必要です。ここでは，債券について，キャッシュフロー・パターンを整理し，債券価格の計算方法を説明します。

　実は債券は，キャッシュフロー・パターンによって，利付債と割引債という2つのタイプに分かれます。利付債を発行した場合，発行者は毎年，額面×クーポン・レートの金額を利息として支払い，満期が来ると額面金額を償還します。これに対して割引債を発行した場合，発行者は満期が来るまでは全く支払いをせず，満期に額面金額のみを償還することになります。

　キャッシュフロー・パターンがわかれば，後はその現在価値を計算すれば，債券の理論価格を出すことができます。債券の場合，約束した期日に一定の金額が支払われますので，キャッシュ・フローのリスクは低いと考えられます。仮に，利息支払いや額面償還が確実に行われる（デフォルトの可能性がない）と予想されるのであれば，債券価格は確実なキャッシュ・フローの現在価値計算を使って計算されることになります。つまり，次の 基礎理論 7 － 2 が成立することになります。

基礎理論7－2

　毎年のクーポンがC，額面F，満期n年の，デフォルトの可能性のない利付債の発行時における理論価格は次の式で計算できる。ただし，安全利子率をrとする。

$$\frac{C}{1+r} + \frac{C}{(1+r)^2} + \cdots\cdots + \frac{C}{(1+r)^n} + \frac{F}{(1+r)^n}$$

　また，額面D，満期n年の，デフォルトの可能性のない割引債の発行時における理論価格は次の式で計算できる。

$$\frac{D}{(1+r)^n}$$

【例題7－1】満期5年，額面1,000円，クーポン・レート7％の社債（利付債タイプ）の発行時における理論価格を求めなさい。この社債にデフォルトの可能性はなく，安全利子率を9％とする。

＜解　答＞

　この社債の保有者は，満期まで保有すれば，次のキャッシュ・フローを得ることになります。

発行時	1年目	2年目	3年目	4年目	5年目
	70円	70円	70円	70円	70＋1,000円

　この社債の理論価格は上のキャッシュ・フローの現在価値を求めればいいので，次のようになります。

$$\frac{70}{1+0.09} + \frac{70}{(1+0.09)^2} + \frac{70}{(1+0.09)^3} + \frac{70}{(1+0.09)^4} + \frac{1,070}{(1+0.09)^5} = 922.21円$$

【例題7－2】満期5年，額面1,000円の割引債の発行時における理論価格を求めなさい。この債券にデフォルトの可能性はなく，安全利子率を9％とする。

＜解　答＞

この割引債の保有者は，満期まで保有すれば，次のキャッシュ・フローを得ることになります。

したがって，この割引債の理論価格は，上のキャッシュ・フローの現在価値を求めればいいので，次のようになります。

$$\frac{1,000}{(1+0.09)^5} = 649.93 円$$

(2) デフォルトの可能性のある債券の理論価格

デフォルトの可能性のある債券の理論価格を求めたい場合には，リスクのあるキャッシュ・フローの現在価値計算を利用することになります。つまり，基礎理論 7 − 2 の現在価値計算の分母を $1+r$ から $1+r+\rho$ に変えることで，債券価格を出すことができます。なお言うまでもありませんが，ρ は債券の利息支払い，額面償還のリスクに見合ったリスク・プレミアムです。

(3) 利付債と割引債

余談になりますが，読者の中には，利付債は毎年利息がもらえるけれど，割引債は利息がもらえないので，利付債の方が有利だと考えた人がいるかもしれません。

しかし残念ながらそうではありません。上の例題で明らかなように，額面が同じであれば，利付債の価格は割引債の価格よりも高くなります。つまり，同じ額面の利付債を買うには，割引債を買うよりも高い金額を払う必要があるのです。逆にいえば，割引債を購入して満期まで保有した人は，購入価格に比べると高い額面金額を受け取れるということです。

これは，期間途中の利息支払いがないという割引債の特徴を価格が織り込ん

でいるからだと言えます。このように金融・資本市場では，各金融商品の特徴を織り込んだ形で価格が決定されるので，どの金融商品が有利で，どの金融商品が不利だといったことは，一概にはいえないことになります。

7. 4　株価決定の基礎理論：配当割引モデル（DDM）

(1) 配当割引モデルの考え方

　先に説明したように，金融商品の価格は，保有者が将来受け取るキャッシュ・フローの現在価値になります。この原則は，当然株式にも適用することができます。

　株式を保有することから得られるキャッシュ・フローには，配当と株式を売却した際の売却収入があります。したがって，株価は配当と売却収入の現在価値になると考えることができます。

　ただし，配当や売却収入にはリスクがありますので，リスクのあるキャッシュ・フローの現在価値計算を行う必要があります。また株式の場合，債券と異なり満期がないので，キャッシュ・フローが永久に続くという特徴があります。

　では，株価がどのように決まるか，実際に考えてみましょう。いま，あなたがある企業の株式を買うかどうか悩んでいるとします。この株式を購入した場合，1年目に配当を受け取り，すぐに売却する予定であるとします。1年目の配当はD_1円，配当支払い後の株価はP_1円になると予想されています。もちろん，1年目の配当や株価にはリスクがあり，これらの値は期待値です（図表7－1参照）。なお以下では，企業は毎年のキャッシュ・フローを全額，年末に配当し，内部留保はゼロであるとして話を進めます。

図表7－1　配当と株価の期待値

	現在	1年目	2年目	3年目	4年目	5年目…
配当		D_1	D_2	D_3	D_4	D_5 …
株価	P_0	P_1	P_2	P_3	P_4	P_5 …

（注）配当・株価は全て期待値で，リスクがある。単位：円。

　株式も金融商品の一種ですから，その価格は保有者が将来得るキャッシュ・フローの現在価値に一致します。安全利子率をr，配当のリスクに見合うリスク・プレミアムをρとすると，現在の株価は次のように決まるはずです。

$$P_0 = \frac{D_1}{(1+r+\rho)} + \frac{P_1}{(1+r+\rho)} \qquad (7-1)$$

この（7－1）式は日本語で表現すると，（7－1）'式のようになります。

　現在の株価＝1年目の配当の現在価値＋1年目の株価の現在価値　（7－1）'

　復習になりますが，もし，現在の株価が上のP_0よりも高ければ，あなたを含めて誰もその株を買おうとしませんので，株価は下がるはずです。逆に，現在の株価が上のP_0よりも低ければ，あなたを含めて誰もがその株を買おうとしますので，株価が上がるはずです[2]。こうして，現在の株価は上のP_0に落ち着くはずです。

　ただ，（7－1）式は，公式としてはあまり便利なものではありません。なぜなら，（7－1）式を使って現在の株価を求めたいときに，1年目の株価の期待値がわからないといけないからです。

　そこで，（7－1）式からP_1を消して，より便利な公式を作ることにしましょう。そのためには，P_1がどのように決まるかを考える必要があります。

　ここで，（7－1）式が出てきた経過を思い出してみましょう。さきほどは，

―――――――――

(2)　もちろん，これらのメカニズムが働くためには，1年目の配当，株価について，株式投資をしている人全員が同じ予想をしているという前提が必要になります。これは完全情報あるいは対称情報の仮定といわれます。

あなたが今この企業の株式を購入し，1年間だけ保有して，1年目末に配当D_1円をもらってすぐに株式をP_1円で売却すると想定することで，現在の株価P_0円がどのように決まるかを考えました。

同じように，次のように考えれば，1年目末の株価P_1円がどのように決まるかを考えることができます。つまり，あなたが1年目末にまたこの企業の株式を購入し，1年間だけ保有して，2年目末に配当D_2円を受け取った後，すぐにP_2円で売却すると想定するのです（図表7－1参照）。

このように想定すると，株式を購入・売却するタイミングがずれただけで，株式を購入した1年後に配当を受け取って売却するという意味ではさきほどと全く同じ取引をしていることになります。したがって，あなたが1年目末にこの株式を購入するときの株価は次のように決まるはずです[3]。

$$P_1 = \frac{D_2}{(1+r+\rho)} + \frac{P_2}{(1+r+\rho)} \qquad (7-2)$$

なんとか，P_1を求めることができました。このような計算をしている元々の目的は，（7－1）式からP_1を消すことですから，早速（7－1）式に（7－2）式を代入してみましょう。すると，めでたくP_1が消え，次の（7－3）式が得られます[4]。

$$P_0 = \frac{D_1}{(1+r+\rho)} + \frac{D_2}{(1+r+\rho)^2} + \frac{P_2}{(1+r+\rho)^2} \qquad (7-3)$$

（7－3）式は，日本語で表現すると次の（7－3）'式のようになります。

---

[3] 読者の中には，（7－2）式をみて，「なぜ2年後の配当，株価の現在価値を出すのに分母は二乗でないのか？」と不思議に思う人もいるかもしれません。注意して欲しいのは，ここでは，現在の株価ではなく，1年目末の株価を求めているということです。したがって，求めたいのは2年目の配当，株価の<u>現在価値</u>ではなく，2年目の配当，株価の<u>1年目末における</u>価値なのです。今あなたがタイム・マシンに乗って1年目末の世界に行ったとすれば，ここでいう2年目末（現在からみた2年後）はあなたにとって1年後になります。そのために，（7－1）式の分母は一乗になっているのです。

[4] ここでは現在の株価を求めていますので，（7－2）式と異なり，2年目の配当，株価は二乗で割引計算されています。

　　　現在の株価＝１年目の配当の現在価値＋２年目の配当の現在価値

　　　　　　＋２年目の株価の現在価値　　　　　　　　　（７－３）'

　少し頭が疲れたという読者も多いと思いますが，残念ながらせっかく導き出した（７－３）式も，公式として使うにはあまり便利ではありません。なぜなら，（７－３）式を使って現在の株価を出したい時に，２年目末の株価がわからないといけないからです。そこで前と同じように，できれば（７－３）式から，P_2を消したいということになります。

　では，P_2はどのようにして決まるのでしょうか？　もう，うんざりだという読者もいるかもしれませんが，考え方は全く前と同じです。あなたが，２年目末にこの企業の株式を購入し，３年目末に配当D_3円をもらってすぐに株式をP_3円で売却するとします。すると，２年目末にあなたが購入するときの株価は，次の（７－４）式のようになっているはずです。

$$P_2 = \frac{D_3}{(1+r+\rho)} + \frac{P_3}{(1+r+\rho)} \qquad (7-4)$$

この（７－４）式を（７－３）式に代入すると，めでたくP_2が消え，次の（７－５）式が得られます。

$$P_0 = \frac{D_1}{(1+r+\rho)} + \frac{D_2}{(1+r+\rho)^2} + \frac{D_3}{(1+r+\rho)^3} + \frac{P_3}{(1+r+\rho)^3} \quad (7-5)$$

この（７－５）式は，日本語で表現すると，次のようになります。

　　　現在の株価＝１年目の配当の現在価値＋２年目の配当の現在価値

　　　　　　＋３年目の配当の現在価値＋３年目の株価の現在価値

　　　　　　　　　　　　　　　　　　　　　　　　　　　（７－５）'

　ところが，非常に申し上げにくいのですが，この（７－５）式も公式として使うには便利ではありません。理由はいままでと全く同じで，現在の株価を出すのに，３年後の株価P_3が必要だからです。そこで，（７－５）式からP_3を消したいと考え，P_3がどのように決まるか考え…，と同じ作業をずっと繰り返

していくことになります。

　では，このような作業を永久に繰り返していくと，最後にはどうなるのでしょうか？　これについて考えるために，（7－1）'式と（7－3）'式，（7－5）'式を見比べてみてください。すると，同じ作業を繰り返すにつれて，配当の現在価値を計算する期間が伸びているのがわかると思います。また，株価については最後の1年分についてのみ現在価値を計算していますが，同じ作業を繰り返すにつれて，その最後の1年がだんだん将来に伸びているのがわかると思います。

　ということは，この作業を永久に繰り返していくと，次の式になるはずです。

現在の株価＝1年目の配当の現在価値＋2年目の配当の現在価値

＋3年目の配当の現在価値＋4年目の配当の現在価値

＋5年目の配当の現在価値＋6年目の配当の現在価値＋…

（7－6）'

これを数学的に表現すると，次の 基礎理論7－3 となります。

基礎理論7－3

　1年目の配当をD_1，2年目の配当をD_2，…，n年目の配当をD_n，…とすれば，株式の理論価格は，次の式で表される（毎年の配当は年末に支払われる）。

$$P_0 = \frac{D_1}{(1+r+\rho)} + \frac{D_2}{(1+r+\rho)^2} + \cdots + \frac{D_n}{(1+r+\rho)^n} + \cdots$$

　つまり，株価は将来得られる配当の現在価値になる。これを配当割引モデル（DDM）と呼ぶ。

（2）株価の公式

　基礎理論7－3 で，株価が将来の配当の現在価値であることを示しました。この原則を使えば，将来の配当予測を行うことで，どんな企業の株価でも計算できるはずです。

　しかし先にも述べましたが，大企業はゴーイング・コンサーンであり，配当も永続的に支払われます。したがって，配当割引モデルで理論株価を出そうとすると，永久に足し算を続ける必要があり，実は計算不可能ということになってしまいます。

　しかしながら，次の特別な場合については，理論株価の計算が簡単にできることが知られています。具体的には，毎年一定の配当が永続する場合と毎年一定の割合で配当が永久に増大していく場合です。これらの特別なケースについては，次の 基礎理論7－4 ， 基礎理論7－5 が成立します。

基礎理論7－4

　配当割引モデル（DDM）では，毎年末に期待値D円の配当が永久に得られる株式の理論株価は以下のように計算される。なお安全利子率をr，配当のリスクに見合うリスク・プレミアムをρとする。

$$株価 = \frac{D}{(1+r+\rho)} + \frac{D}{(1+r+\rho)^2} + \frac{D}{(1+r+\rho)^3} + \cdots$$
$$= \frac{D}{r+\rho}$$

基礎理論7－5

　配当割引モデル（DDM）においては，1年目に得られる配当がD，2年目に得られる配当が$(1+g)D$，3年目に得られる配当$(1+g)^2D$，…というように，配当が毎年gの割合で永久に増大していくと予想されている場合，株式の理論価格は以下のように計算される。毎年の配当は年末に支払われる。ただし安全利子率をr，配当のリスクに見合うリスク・プレミアムをρとする。

$$株価 = \frac{D}{(1+r+\rho)} + \frac{(1+g)D}{(1+r+\rho)^2} + \frac{(1+g)^2D}{(1+r+\rho)^3} + \cdots$$
$$= \frac{D}{r+\rho-g}$$

【例題７－３】A社は，毎年末に期待値5,000円の１株当たりキャッシュ・フローを永久に得られると予測されている。A社は，毎年のキャッシュ・フローを全額配当する。A社の理論株価を求めなさい。ただし安全利子率を５％，キャッシュ・フローのリスクに見合うリスク・プレミアムを２％とする。

＜解　答＞

配当割引モデルより

$$\text{理論株価} = \frac{5,000}{1+0.05+0.02} + \frac{5,000}{(1+0.05+0.02)^2} + \frac{5,000}{(1+0.05+0.02)^3} + \cdots$$

$$= \frac{5,000}{0.05+0.02}$$

$$= 71,428.57$$

（答）７万1,428.6円

【例題７－４】B社の１株当たりキャッシュ・フローは，１年目に50円，２年目に55円，３年目に60.5円というように，毎年10％ずつ永久に増大していくと予想されている。B社は，毎年のキャッシュ・フローを年末に全額配当する。B社の理論株価を求めなさい。安全利子率を５％，キャッシュ・フローのリスクに見合うリスク・プレミアムを７％とする。

＜解　答＞

配当割引モデルより

$$\text{理論株価} = \frac{50}{1+0.05+0.07} + \frac{50 \times 1.1}{(1+0.05+0.07)^2} + \frac{50 \times 1.1^2}{(1+0.05+0.07)^3} + \cdots$$

$$= \frac{50}{0.05+0.07-0.1} = \frac{50}{0.02}$$

$$= 2,500$$

（答）2,500円

次に，少し複雑な例題を解いてみましょう。

【例題７－５】C社は，１年目に10円，２年目に15円，３年目に20円の１株

当たりキャッシュ・フローを生み出し，4年目以降は，毎年30円の1株
当たりキャッシュ・フローを永久に生み出すと予想されている。C社は，
毎年のキャッシュ・フローを年末に全額配当する。C社の理論株価を求め
なさい。安全利子率を8％，キャッシュ・フローのリスクに見合うリス
ク・プレミアムを3％とする。

＜考え方＞

配当の流れは次の図のようになります。

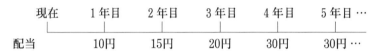

① 配当の流れ全体を1年目から3年目までの部分（10円，15円，20円）と
4年目以降の部分に分けて考えます。

② 1年目から3年目までの配当については，基礎理論7－3 を使って現
在価値を計算できます。

③ 4年目以降の配当については，毎年同じ配当が永久に続いているので，
基礎理論7－4 を使います。ただし，それによって求められる値は現在
価値ではなく3年目末における価値になります⁽⁵⁾。

④ したがって，③で出した値をさらに現在価値に戻します。

⑤ 上の②で計算した現在価値と④で計算した現在価値を合計すれば，株価
を出すことができます。

---

(5) 基礎理論7－4 は，1年目から同じ配当が永久に続く場合の現在の株価を出すも
のです。したがって，4年目から同じ配当が永久に続くという場合，基礎理論7－4
をそのまま使うことはできません。そこで，いま，あなたがタイムマシンに乗って3
年目末の世界に行ったとしましょう。そうすると，ここでいう（現在からみて）4年
目から永久に同じ配当が続くという状況は，3年目末の世界に来たあなたにとっては，
1年目から同じ配当が永久に続くという状況と同じになり，基礎理論7－4 が使える
ことになります。ただ，それによって算出される金額は，3年目末の世界にいるあな
たにとっては現在価値であっても，現在の世界にいる人からみれば，あくまでも3年
目末における価値になっています。そこであなたは，最後にもう一度タイム・マシンに
乗って，現在の世界に戻ってこなければいけません。それが最後の手続きになります。

＜解　答＞

1年目から3年目までの配当の現在価値は，

$$\frac{10}{(1+0.08+0.03)} + \frac{15}{(1+0.08+0.03)^2} + \frac{20}{(1+0.08+0.03)^3} = 35.8072 \cdots \text{(a)}$$

4年目以降永続する配当の3年目末における価値は

$$\frac{30}{0.11} = 272.7273 \cdots \text{(b)}$$

これをさらに現在価値に戻すと，

$$\frac{272.7273}{(1+0.08+0.03)^3} = 199.4158 \cdots \text{(c)}$$

(a)と(c)を足して

$$35.8072 + 199.4158 = 235.223$$

（答）235.2円

なお，【例題7－3】については，次のように解くこともできます。

＜別　解＞

1年目から3年目までの配当の現在価値は，

$$\frac{10}{(1+0.08+0.03)} + \frac{15}{(1+0.08+0.03)^2} + \frac{20}{(1+0.08+0.03)^3} = 35.8072 \cdots \text{(a)}$$

4年目以降永続する配当の現在価値を出すには，1年目から30円の配当が永続する場合の配当の現在価値から，1年目から3年目まで毎年30円の配当が得られる場合の配当の現在価値を引けばよいので，次のように計算できる。

$$\left\{ \frac{30}{(1+0.08+0.03)} + \frac{30}{(1+0.08+0.03)^2} + \frac{30}{(1+0.08+0.03)^3} + \cdots \right\}$$

$$- \left\{ \frac{30}{(1+0.08+0.03)} + \frac{30}{(1+0.08+0.03)^2} + \frac{30}{(1+0.08+0.03)^3} \right\}$$

$$= \frac{30}{0.08+0.03} - \left[\frac{30}{(1+0.08+0.03)} + \frac{30}{(1+0.08+0.03)^2} + \frac{30}{(1+0.08+0.03)^3} \right]$$

$= 199.4158 \cdots$ (b)

　(a)と(b)を足して

　　　$35.8072 + 199.4158 = 235.223$

　（答）235.2円

7.5　企業価値とDCF法の考え方

(1) 企業価値

　前の節では，株価が配当の現在価値になるという配当割引モデル（DDM）を説明しました。これは，配当という株主のキャッシュ・フローの現在価値を求めることで，株式価値（株価×発行済株式数）を求める考え方になっています。一方，第1章で説明したように，企業には株主・債権者という2種類の資本提供者が存在して，企業が得たキャッシュ・フローは株主・債権者に配分されることになります（図表1－3参照）。言うまでもなく，キャッシュ・フロー配分にあたっては，債権者に約束した金額を先に配分し，残りは全て株主のものとなります。言いかえれば，株主は企業のキャッシュ・フローの一部を配分してもらっているわけです。

　コーポレート・ファイナンスでは，株式価値を考えることも重要ですが，企業の（株主・債権者全体の）キャッシュ・フローの現在価値（これを企業価値といいます）を考えることも重視されています。

　　企業価値＝企業が株主・債権者全体に対して生み出すキャッシュ・フロー
　　　　　　　の現在価値

　企業価値の計算にあたっては，株主・債権者全体のキャッシュ・フローのリスクに見合ったリスク・プレミアムを用いることになります。

　また，企業のキャッシュ・フローは債権者と株主に配分されます。債権者のキャッシュ・フローの価値が負債価値（負債の時価合計），株主のキャッシュ・フロー（配当）の価値が株式価値になりますから，次の関係式が成立します。

　　企業価値＝株式価値＋負債価値

⑵　DCF法の考え方

　先に述べたように，企業価値は株式価値と負債価値の合計になります。言い
かえれば，企業価値から負債価値を引けば株式価値となります。この時，次の
ような考え方で，企業の株式価値を計算することができます。これを，DCF
法（Discounted cash flow method）と呼びます。

　①　企業価値を計算する。

　②　企業価値から負債価値（債権者が受け取るキャッシュ・フローの現在価値）
　　を差しひく。

　企業価値とDCF法を具体的に理解するために，次の例題を解いてみましょう。

【例題７－６】M社は，毎年末に，35億円のキャッシュ・フローを永久に得
　　ると予想されている。M社は社債を発行しており，毎年末に10億円の利
　　息を永久に支払うことになっている（満期は存在しない。デフォルトの可能性
　　をゼロとする。M社の負債はこの社債だけである）。M社は，毎年末の利子支
　　払い後のキャッシュ・フローを全額配当する。安全利子率を２％，M社の
　　キャッシュ・フローのリスクに見合ったリスク・プレミアムを1.5％，利
　　子支払い後のキャッシュ・フローのリスクに見合ったリスク・プレミアム
　　を３％とする。M社の株式価値をDCF法，配当割引モデルで求めなさい。

〈解　答〉

　DCF法

　　最初に企業価値（キャッシュ・フローの現在価値）を求める。キャッシュ・
　　フローのリスクに見合ったリスク・プレミアムは1.5％なので，

　　企業価値

$$=\frac{35}{(1+0.02+0.015)}+\frac{35}{(1+0.02+0.015)^2}+\frac{35}{(1+0.02+0.015)^3}+\cdots$$

$$= \frac{35}{0.02+0.015} = 1{,}000 \text{億円}$$

M社の社債はデフォルトの可能性がゼロなので、リスク・プレミアムはゼロとなる。

$$\text{社債価値} = \frac{10}{(1+0.02)} + \frac{10}{(1+0.02)^2} + \frac{10}{(1+0.02)^3} + \cdots = \frac{10}{0.02} = 500 \text{億円}$$

$$\text{株式価値} = \text{企業価値} - \text{社債価値} = 500 \text{億円}$$

（答）500億円

<u>配当割引モデル</u>

M社は、毎年末の利子支払い後キャッシュ・フロー25億円を全額配当する。利子支払い後キャッシュ・フローのリスクに見合ったリスク・プレミアムは3％なので、

$$= \frac{25}{(1+0.02+0.03)} + \frac{25}{(1+0.02+0.03)^2} + \frac{25}{(1+0.02+0.03)^3} + \cdots$$

$$= \frac{25}{0.02+0.03} = 500 \text{億円}$$

例題からわかるように、企業のキャッシュ・フローのうち、株主に配分される部分（配当）のみに注目して現在価値計算を行うのがDDMであるのに対し、いったんキャッシュ・フロー全体の現在価値を計算して、そこから債権者のキャッシュ・フローの現在価値を差しひくという二段構えの方法がDCF法になります。このDCF法は、M&A（合併・買収）実務等でしばしば使われる方法になっています。

(3) 企業価値と株式価値

最後に、企業価値についてもう少し説明しましょう。すでに説明したように、企業価値は、企業のキャッシュ・フローの現在価値のことです。もし、企業に負債が全くなければ、企業のキャッシュ・フローは全て株主のものになります

から，企業価値と株式価値は一致します。負債を利用している企業では，企業価値から負債価値を引いたものが株式価値になります。

　コーポレート・ファイナンスの世界では，企業の優劣を測るのに，株式価値ではなく企業価値を用いるのが一般的です（企業価値が大きい企業をよい企業と考えます）。なぜなら，全く同じ投資を実行していて（キャッシュ・フローは全く同じで）負債を利用していない企業と負債を利用している企業があった場合，前者の株式価値が後者の株式価値に比べて高くなるのは自明だからです。この場合，比較すべきは，株主・債権者全体のキャッシュ・フローの価値が異なるかです。言いかえれば，企業の投資資産が生み出すキャッシュ・フロー全体に対する証券市場での評価（＝企業価値）を大きくすることが企業にとって重要だと考えているのです。また企業価値は，企業が生み出すキャッシュ・フロー全体が，証券市場ではいくらで売買できるか（＝それによって資本提供者がいくらの富を得られるか）を意味することになります。

　読者の中には，株式価値ではなく企業価値を重視することに違和感をもつ人もいると思いますが，企業価値と株式価値は全く別物ではありません。企業が企業価値を引き上げれば，ほとんどの場合，株式価値も上昇します。企業がある行動をとった結果，将来生み出すキャッシュ・フローが増えたとします。しかし，仮にキャッシュ・フローが増えたとしても，債権者にはそれ以前から約束している金額しか配分しません。もしその行動をとる前の段階から，負債のデフォルト・リスクがゼロであったとすれば，負債の価値は全く上昇しないはずです。では，誰が増大したキャッシュ・フローの恩恵を受けるのでしょうか？ 答えは株主です。つまり，企業価値の上昇の大部分は，株式価値の上昇につながると考えてよいのです。コーポレート・ファイナンスの世界で優良な企業とは，企業価値を引き上げることで，株式価値も引き上げている企業といってよいでしょう。

　第9章以降では，企業の最適な投資決定，資本構成について考えます。そこでは，企業価値を最大化するには，どのような投資決定，資本構成を採用すればよいかが説明されることになります。

【演習問題】

7-1　A社の社債（利付債タイプ）は，額面1,000円，クーポン・レート4％，満期6年である。A社の社債の発行時における理論価格を計算しなさい。なお，この社債にデフォルトの可能性はなく，安全利子率を6％とする。

7-2　B社は，1年目から3年目までは1株当たりキャッシュ・フローがゼロで，4年目に1株当たりキャッシュ・フロー50円が得られると予想されている。また5年目の1株当たりキャッシュ・フローは55円，6年目は60.5円…というように，5年目以降1株当たりキャッシュ・フローが10％ずつ永久に増大していくと予想されている。B社は，毎年のキャッシュ・フロー全額を年末に配当する。B社の理論株価を求めなさい。安全利子率を3％，1株当たりキャッシュ・フローのリスクに見合うリスク・プレミアムを11％とする。

7-3　C社の1株当たりキャッシュ・フローは次のように予想されている。1年目に40円，2年目に60円，3年目に80円，4年目に100円で，5年目以降は毎年10％ずつ永久に1株当たりキャッシュ・フローが増大していく（5年目110円，6年目121円，7年目133.1円…）。C社は，毎年のキャッシュ・フロー全額を年末に配当する。C社の理論株価を求めなさい。安全利子率を8％，1株当たりキャッシュ・フローのリスクに見合うリスク・プレミアムを4％とする。

7-4　D社は，1年目に30億円，2年目に40億円のキャッシュ・フローを生み出し，3年目以降は毎年50億円のキャッシュ・フローを永久に生み出すと予想されている。D社は社債を発行しており，毎年8億円の利息を永久に支払う（満期は存在しない。デフォルトの可能性をゼロとする。D社の負債はこ

の社債だけである）。D社は，毎年の利子支払い後のキャッシュ・フローを年末に全額配当する。安全利子率を4％，D社のキャッシュ・フローのリスクに見合ったリスク・プレミアムを6％とする。D社の企業価値，株式価値を求めなさい。

第8章
資本コスト

8.1 コーポレート・ファイナンスと資本コスト

　第Ⅱ部をこれまで読んできた読者は，どの章でも「安全利子率＋リスク・プレミアム」という表現が出てくることに気付いたと思います。例えば，リスクのある現在価値計算では，割引率（安全利子率＋キャッシュ・フローのリスクに見合うリスク・プレミアム）が重要な役割を果たしていました。また債券価格や株価決定，企業価値計算でも，それぞれ割引率（安全利子率＋キャッシュ・フローのリスクに見合うリスク・プレミアム）が用いられていました。このように，コーポレート・ファイナンスでは，「安全利子率＋リスク・プレミアム」というのが非常に重要な役割を果たしています。

　さて，今までは，この安全利子率とリスク・プレミアムについて，○○％と△△％を使ってくださいという指示が必ずありました。このうち，安全利子率は預金金利や国債の利回りなどの安全資産の収益率と考えればよいのですぐに調べることができますが，では，リスク・プレミアムの方はどうやって決まるのでしょうか？

　実は，今まで出てきた「安全利子率＋リスク・プレミアム」というのは，全て資本コストと呼ばれる概念です。この章では，資本コストとはいったいどういうもので，どのようにして知ることができるのかを学習します。

　実際の企業経営においては，これまでの演習問題とは異なり，「安全利子率＋リスク・プレミアム」を誰かが教えてくれるわけではありません。したがっ

て，資本コストの意味や推計方法を知ることは，企業経営を行っていく上で，不可欠の要素といえるでしょう。

8.2 資本コストの定義

では，【設例8-1】を用いて，資本コストがそもそもどのようなものであるかを考えることにしましょう。

---【設例8-1】---

　企業Xは，1年後に50％の確率で149万円（成功），50％の確率で109万円（失敗）のキャッシュ・フローを生み出して解散すると予想されている。企業Xには負債がないとする。企業Xの企業価値（＝株式価値）はいくらになるだろうか？　企業Xのキャッシュ・フローと同程度のリスクの金融商品Bの期待収益率を7.5％とする。図表8-1に示されているように，金融商品Bは金融商品A（期待収益率10％）よりもローリスク・ローリターンであるが，安全資産（収益率5％）よりはハイリスク・ハイリターンになっている。

　企業Xには負債がありませんので，企業価値と株式価値は同じで，ともにキャッシュ・フローの現在価値となります。第6章で説明したように，現在価値計算を行う場合の割引率（安全利子率＋リスク・プレミアム）としては，同程度のリスクの金融商品の期待収益率を使います。よって，企業Xの企業価値は次のように計算できます。

$$\frac{129}{1+0.075} = 120万円$$

　ところで，企業価値は，企業の発行している証券（ここでは株式）の価格合計ですから，企業Xの証券を全て購入する場合に，投資家は120万円を支払う必要があります。投資家は，この金額と引き換えに，1年後に期待値129万円のキャッシュ・フローを受け取ることになります。この時，投資家の期待収益

率は次のように計算できます。

$$\frac{129-120}{120} = 7.5\%$$

　読者のみなさんは，企業Xの証券の期待収益率が割引率と一致していること
に気付いたと思います。すでに述べたように，キャッシュ・フローの現在価値
計算に使う割引率は，同じリスクの他の金融資産の期待収益率です。そして，
その方法で企業価値が決定される結果，その企業の証券を購入する投資家の期
待収益率が割引率と一致するのです（図表8－1）。

　これは，よく考えれば当然の結果といえます。もし，企業Xの企業価値（株
式価値）が120より低く，証券の期待収益率が同じリスクの金融商品Bの期待
収益率よりも高ければ，誰もが企業Xの証券を購入しようとするでしょう（図
表8－2のX_H）。その結果，企業Xの企業価値（株式価値）が上昇します。逆に，
企業Xの企業価値が120より高く，証券の期待収益率が同じリスクの金融商品
Bの期待収益率よりも低ければ，誰も企業Xの証券を購入しないでしょう（図
表8－2のX_L）。その結果，企業Xの企業価値が下落します。このようなプロセ
スを経て，結局，企業Xの証券の期待収益率が割引率と一致する所で企業価値
が決定されるのです。

図表8－1　資本コストの概念

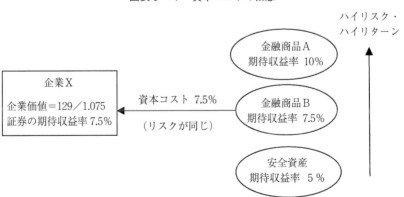

図表8－2　リスクと期待収益率，資本コスト

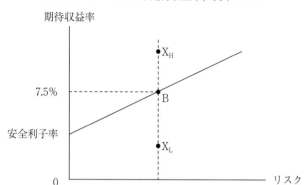

このように，割引率はいろいろな意味を持ちますが，コーポレート・ファイナンスでは，これを資本コストと呼んでいます。資本コストは，企業が生み出すキャッシュ・フローと同じリスクの金融商品の期待収益率ですから，投資家がその企業に投資する際の機会コストを表します（これが，資本コストと呼ばれる理由だと思われます）。資本コストは，企業価値を計算する際の割引率として使います。その結果，企業の発行する証券の期待収益率は，資本コストに一致することになります。

8.3　自己資本コストと負債資本コスト

(1) 2種類の資本コスト

これまで，【設例8－1】を用いて，資本コストの基本的な概念について説明しました。

しかしながら，現実の企業について資本コストを考える場合，話はもっと複雑になります。具体的にいえば，【設例8－1】では，企業に負債がないと想定されており，そのために話がかなり簡単になっていました。というのも，企業に負債がないということは，企業が発行している証券が株式しかなく（社債がなく），その企業の株式と同じリスクの金融商品の期待収益率だけを考えれ

ばよかったからです。

　これに対して，実際の企業は大別して 2 種類の資金調達を利用しており，発行する証券も株式と社債の 2 種類があります。ここで，株式と社債では資本提供者（株主・債権者）に負担させるリスクが異なりますから資本コスト（＝同じリスクの金融商品の期待収益率）も当然変わってきます。第 1 章で説明したように，企業が負債を利用するとレバレッジ効果が働きますので，株主の収益率はハイリスク・ハイリターン，債権者の収益率はローリスク・ローリターンになります。この結果，企業には資本コストが 2 種類存在することになります。

　この点について，【設例 8 － 2】を用いて考えてみましょう。

──【設例 8 － 2】────────────────────────
　企業Yは【設例 8 － 1】の企業Xと全く同じキャッシュ・フローを生む。ただし企業Yは社債を発行しており，1 年後に63万円を返済することになっている。
────────────────────────────────

　【設例 8 － 2】の状況は，図表 8 － 3 で示されています。先ほどの【設例 8 － 1】，図表 8 － 1 と大きく異なるのは，企業Yは 2 種類の証券（株式・社債）を発行していることです。

図表 8 － 3　資本コストの概念：負債を利用している場合

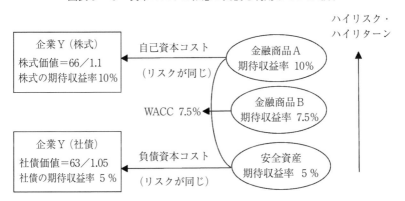

(2) 負債資本コスト

　ではまず，社債について資本コストを考えてみましょう。ここで注意して欲しいのは，企業Ｙは最低でも109万円のキャッシュ・フローを生み出すため，社債の償還66万円については確実に支払いができるということです。もちろん，企業Ｙのキャッシュ・フローそのものにはリスクがあるのですが，債権者には一定の金額を優先的に支払うため，企業Ｙの債権者は全くリスクを負担しないのです。つまり，企業Ｙの社債は安全資産と同じリスク（無リスク）ということになりますので，社債価額を計算する際の割引率は安全資産の収益率５％となります（図表８－３参照）。

$$社債価額 = \frac{63}{1.05} = 60万円$$

　このように，社債価額を計算する際の割引率を負債（社債）の資本コストと呼びます。【設例８－１】の説明からわかるように，企業Ｙのキャッシュ・フローそのもののリスクに見合った資本コストは7.5％ですが，社債の資本コストはそれよりも低くなります。

　また，この社債を購入する投資家の期待収益率は次のように計算されます。

$$\frac{63-60}{60} = 5\%$$

やはり，社債の期待収益率は，負債（社債）資本コストと一致します。

(3) 自己資本コスト

　次に，株式について資本コストを考えてみましょう。企業Ｙの株主は，１年後に50％の確率で86万円（＝149万円－63万円），50％の確率で46万円（＝109万円－63万円）のキャッシュ・フローを得ますので，期待キャッシュ・フローは$\frac{1}{2} \times 86 + \frac{1}{2} \times 46 = 66$万円になります。第１章で説明したように，企業が負債を利用するとレバレッジ効果が働いて株主の収益率のリスクが高くなります。つまり，企業Ｙの株式のリスクは，企業のキャッシュ・フロー全体のリスクよりも高くなるのです。ここで，企業Ｙの株式と金融商品Ａのリスクが同じで，

金融商品Aの期待収益率が10％だったとしましょう。この時，企業Yの株式価値は次のように計算されます。

$$\frac{66}{1.1} = 60万円$$

このように，株式価値を計算する際の割引率を自己資本（株式）コストと呼びます。企業Yのキャッシュ・フロー全体のリスクに見合った資本コストは7.5％ですが，自己資本コストはそれよりも高くなります。

また，この株式を購入する投資家の期待収益率は次のように計算されます。

$$\frac{66-60}{60} = 10％$$

やはり，株式の期待収益率は，自己資本（株式）コストと一致します。

さて，第7章で説明したように，コーポレート・ファイナンスでは企業価値の高い企業を優れた企業と考え，企業価値を高める財務政策を考えていきます。

ここで，企業Yの企業価値は次のように計算されます。

企業価値＝株式価値＋負債（社債価値）＝60万円＋60万円＝120万円

8.4　加重平均資本コスト（WACC）

これまで，企業の発行する証券が株式，社債の2種類存在するということで，それぞれの資本コストを考え，株式価値，負債（社債）価値をそれぞれ計算しました。また，それらを合計することで，企業価値を計算しました。

ところで，企業価値は株式価値と負債価値の合計でもありますが，株主・債権者全体のキャッシュ・フローの現在価値でもあります。【設例8−2】の企業Yの企業価値は，株主・債権者全体のキャッシュ・フロー129万円の現在価値でもあるのです。仮に，この129万円について直接現在価値計算することで企業価値を出したい場合には，どのような割引率を用いればよいのでしょうか？

第1章で説明したように，企業のキャッシュ・フローは株主と債権者に配分され，それぞれのリスクが異なります。このうち，株式と同じリスクの金融商

品の期待収益率が自己資本コストで，負債（社債）と同じリスクの金融商品の
期待収益率が負債資本コストになります。そして，株主の方が高いリスクを負
担しますから，自己資本コストの方が負債資本コストよりも高くなります。こ
のとき，株主・債権者全体のキャッシュ・フローと同じリスクの金融商品の収
益率は，自己資本コストと負債資本コストを平均した値になることが知られて
います。ただし，平均とはいっても単純平均ではなく，自己資本と負債の割合
でウェイト付けした加重平均になります（図表8－3参照）。

　【設例8－2】について，実際に計算してみましょう。企業Yの株式価値は
60万円，負債（社債）価値は60万円です。つまり，時価ベースの自己資本比率
は50％です。企業のキャッシュ・フローのうち50％の価値を占める株式につ
いて，資本コストが10％，50％の価値を占める負債（社債）について，資本コ
ストが5％になっています。ということは，キャッシュ・フロー全体の資本コ
スト（同じリスクの金融商品の収益率）は，次のように計算できるはずです。

$$\frac{50}{100} \times 0.1 + \frac{50}{100} \times 0.05$$

計算結果は7.5％になり，金融商品Bの期待収益率と一致します。これを割引
率とすると，企業価値は次のように計算できます。

$$\frac{129}{1.075} = 120万円$$

確かに，株式価値と負債価値の合計として求めた企業価値と一致します。この
ように，自己資本コストと負債資本コストを（時価ベースの）自己資本比率で
加重平均した値は加重平均資本コスト（WACC）と呼ばれます。

　また，この企業の全証券を購入した場合の期待収益率は次のように計算でき
ます。

$$\frac{129-120}{120} = 7.5\%$$

やはり，企業の全証券の期待収益率はWACCに一致することが確認できます。

　以上のように，企業には 3 種類のキャッシュ・フローがあり，それぞれに対応した資本コストがあります。資本コストは，それぞれのキャッシュ・フローの割引率でもありますし，それぞれの証券（株式，社債，全証券）の期待収益率でもあります。また，企業価値を計算するには，株式価値と負債価値をそれぞれ計算してその合計を出すという方法と，株主・債権者全体のキャッシュ・フローを WACC を用いて現在価値計算するという 2 つの方法があるのです。

　なお，ここで示した WACC の計算方法は，実は法人税が存在しない場合の方法です。第10章で説明するように，法人税が存在する場合，企業は負債を利用することで節税効果を得ることができます。このため，法人税が存在する場合には，負債を多く利用するほど WACC が低下することが知られています。法人税が存在する場合の WACC は，次の 基礎理論 8 － 1 で求めることができます。

基礎理論 8 － 1

　法人税率が t である場合，加重平均資本コスト（WACC）は次のように計算される。

$$WACC = \frac{E}{E+D}k_e + \frac{D}{E+D}k_d\,(1-t)$$

ただし

　　E ：株式時価総額　　　　D ：負債（社債）時価総額
　　k_e：自己資本コスト　　　k_d：負債資本コスト

8.5　資本コストと企業評価の考え方

　【設例 8 － 2】の企業 Y は，1 年後に50％の確率で149万円（成功），50％の確率で109万円（失敗）のキャッシュ・フローを得ると予想されていました（期待キャッシュ・フロー＝129万円）。株主のキャッシュ・フローは50％の確率で86万円，50％の確率で46万円です（期待キャッシュ・フロー＝66万円）。ここで，投

資家Ⅰが企業Yの株式を全て購入したとしましょう。もちろん，投資額は60万円です。自己資本コストが10％ですから，同じリスクで10％の期待収益率の投資機会（金融商品A）が他にあったにもかかわらず，投資家Ⅰは企業Yの株式を選択したわけです。もし，金融商品Aに60万円を投資すれば，やはり1年後の期待キャッシュ・フローは66万円です。

　今，1年後になって，企業Yのキャッシュ・フローが109万円（失敗）だったとします。この時，株主のキャッシュ・フローは46万円ですから，投資家Ⅰは投資額よりも14万円少ない金額しか受け取れなかったことになります。投資家Ⅰの実際の収益率は$\frac{46-60}{60}=-23.3\%$となります。さて，この場合，投資家Ⅰはどの程度の損失を出したと考えるべきでしょうか？

　おそらく，「損失額は14万円で，23.3％の損失だ」と考える人が多いのではないかと思いますが，実はコーポレート・ファイナンスではそのようには考えません。思い出して下さい。投資家Ⅰは，企業Yの株式を購入する時点で，他に金融商品Aという投資機会を保有していました。金融商品Aの期待収益率は10％で，これを犠牲にしているわけですから，企業Yの株式に対しても10％の収益率を期待していたのです。キャッシュ・フローで言えば，66万円を得ることを期待していたわけです。そのように考えると，投資家Ⅰの真の損失額は次のように計算できることになります。

　　　46万円－66万円＝－20万円

この計算は，次のように書きかえられます。

　　　46万円－60万円×1.1
　　　＝（46万円－60万円）－60万円×0.1
　　　＝株主の名目的な収益－株式時価総額×自己資本コスト
　　　＝－20万円

また，投資家Ⅰの真の収益率は次のように計算します。

　　　$\frac{46-66}{60}=-33.3\%$

この計算は，次のように書きかえられます。

$$\frac{46万円-60万円\times1.1}{60万円}$$

$$=\frac{(46万円-60万円)}{60万円}-\frac{60万円\times0.1}{60万円}$$

$$=株主の（名目の）収益率-自己資本コスト$$

$$=-33.3\%$$

コーポレート・ファイナンスでは，単純にキャッシュ・フローがいくら増えたか，名目の収益率がいくらかという話ではなく，株主が期待していたキャッシュ・フロー（収益率）に比べてどれだけ多い金額（収益率）を稼いだかという観点から企業を評価します。なぜなら，投資家には他の投資機会が存在し，そこでも同じ期待収益率を得ることができたのに，それを犠牲にして自分の会社に投資してくれているからです。

　さて，これまでは，株主のキャッシュ・フローをベースに企業評価を考えましたが，実はこの方法はあまりポピュラーではありません。一般には，企業のキャッシュ・フロー全体をベースに企業評価を行います。いま，投資家Jが，企業Yの株式，社債全てを購入したとしましょう。投資額は120万円で，期待キャッシュ・フローは129万円，期待収益率は7.5％です。WACCが7.5％ですから，同じリスクで7.5％の期待収益率の投資機会が他にも存在していることになります（金融商品B）。にもかかわらず，投資家Jは，企業Yの株式，社債を購入したのです。

　ここで，1年後の企業Yのキャッシュ・フローが109万円だったとすると，投資家Jの名目的な損失は109万円－120万円＝－11万円ですが，投資家Jはもともと129万円のキャッシュ・フローを期待していたわけですから，真の収益は次のように計算すべきです。

　　　109万円－129万円＝－20万円

この計算は，次のように書きかえられます。

109万円－120万円×1.075

＝(109万円－120万円)－120万円×0.075

＝企業全体の名目的な収益－企業価値×WACC

投資家 J の名目的な収益率は $\dfrac{109-120}{120}=-9.2\%$ ですが，真の収益率は次のように計算されます。

$$\frac{109-129}{120}=-16.7\%$$

この計算は，次のように書きかえられます。

$$\frac{109-120\times1.075}{120}$$

$$=\frac{109-120}{120}-0.075$$

＝企業全体の名目的な収益率－WACC

＝－16.7％

投資家 J の名目的な収益率は－9.2％ですが，もともと，金融商品Bの存在もあって投資家 J が7.5％の収益率を期待していたことを考えれば，真の収益率は－16.7％になるということです。

　このようにコーポレート・ファイナンスでは，資本コストを考慮した企業評価を行います。プラスの収益を出している会社でも，資本コストを下回る収益率であれば，その企業は資本提供者（株主）の富を破壊したと評価します。逆に資本コストを上回る収益をあげた企業は，資本提供者（株主）の富を創造したと評価するのです。

　ちなみに，第3章と第4章で説明したROA，ROEは，ここでいう名目的な収益率に相当します（ただし，キャッシュ・フローではなく会計数値をベースにしている点が異なります）。コーポレート・ファイナンスでは，ROA，ROEだけをベースに企業を評価するのは不十分で，資本コストまで考慮した企業評価が重視されるのです。

8.6　資本コストの推計方法

　これまで，自己資本コスト，負債資本コスト，加重平均資本コスト（WACC）という3種類の資本コストを説明し，それらを使って株式価値，負債（社債）価値，企業価値を計算してきました。しかしながら，今までの説明には，とても重要なことが抜け落ちています。それは，各証券と同程度のリスクの金融商品の期待収益率をどうやって見つけるかということです。

　今までの話では，例えば「企業Yの株式と同程度のリスクの金融商品Aの期待収益率が10％だとすると…」というように，資本コストを適当な値に設定していました。しかし，実際の企業経営において，自社の株式，証券と同じリスクの金融商品の期待収益率を見つける作業は簡単ではありません。この点について，コーポレート・ファイナンスではいくつかの方法が提案されています。

(1)　負債の資本コスト

　ここでは，負債の資本コストの推計方法を説明します。ただし一口に負債といっても，その内容は借入金や普通社債，転換社債，ワラント債など多様です。細かく考えれば，企業に貸出を行っている債権者と普通社債を保有している債権者では，負担するリスク等が異なっているため，借入金の資本コストと普通社債の資本コストは異なるはずです。

　まず，借入金については，実際に企業が支払っている借入金利を資本コストと考えるのが一般的です。次に，普通社債の資本コストの計測方法について説明します。先に説明したように，社債（負債）の資本コストは，実は第7章で社債の理論価格を計算する際に用いた割引率（破産の可能性がなければ安全利子率，破産の可能性があれば安全利子率＋リスク・プレミアム）のことです。したがって，普通社債の資本コストは，次の 基礎理論8−2 で求めることができます[1]。

130 ———●

基礎理論 8 － 2

　価格がP_Dで，毎年のクーポン（利息）R，額面F，満期までの年数nの社債の資本コストは，以下の式を満たすk_dとなる。

$$P_D = \frac{R}{(1+k_d)} + \frac{R}{(1+k_d)^2} + \cdots + \frac{R}{(1+k_d)^n} + \frac{F}{(1+k_d)^n}$$

　読者の皆さんは，第7章では，割引率（社債の資本コスト）を問題の中で指定された状態で，社債の理論価格を求める作業をしました。つまり，実は知らないうちに社債の資本コストを使っていたのです。したがって，逆に社債の価格がわかっているのであれば，資本コスト（割引率）を逆算できるはずです。ここで出てきた 基礎理論 8 － 2 は，そのことを改めて説明しているにすぎません。

　普通社債に関して，あくまで理論的な考え方としては，「①クーポンや額面がわかる＋②その普通社債の資本コスト（割引率）がわかる→③その普通社債の価格が決まる」という順番なのですが，現実の企業経営では，資本コストを知るのは難しく，価格のデータを入手することは容易であることが一般的です。その意味では， 基礎理論 8 － 2 は，現実の企業経営でよく使われる方法ということになります。

【例題8－1】企業Zは社債を発行している。この社債には満期がなく，毎年末に40億円の利息（クーポン）を永久に支払うことになっている。現在，この社債の価額は1,000億円である。企業Zの社債の資本コストを求めなさい。

⑴　転換社債，ワラント債は，負債としての性格と自己資本としての性格を合わせ持っているため，これらの資本コストは正確な推計は難しいのですが，おおよそ自己資本の資本コストと普通社債の資本コストの中間の値になると考えられます。

＜解　答＞

　　企業 Z の社債の資本コストを k_d とすると

$$1,000 = \frac{40}{(1+k_d)} + \frac{40}{(1+k_d)^2} + \frac{40}{(1+k_d)^3} + \cdots = \frac{40}{k_d}$$

$$k_d = 0.04$$

<u>（答）　4 ％</u>

(2)　自己資本コスト

　次に，自己資本コストの推計方法を説明しましょう。自己資本についても，内部留保や普通株発行，優先株発行などその内容は多様です。ただ，内部留保の資本コストは，株主に還元すべきキャッシュ・フローを株主に還元せずに企業内に留保しておくものですから，株式発行（普通株）の資本コストと同じになります。

　普通株の資本コストは，配当割引モデルの逆算で推定することができます。第 7 章で説明したように，配当割引モデルでは株価は将来配当の現在価値になりますので，株価と将来の配当予想がわかれば，株式の資本コスト（割引率）を逆算できるはずです。これは，基礎理論 8 - 2 の社債資本コストの推定を株式にあてはめたものになります。ただし，配当予想は毎年一定の配当あるいは一定の成長が永続する形になっている必要があります。第 7 章では，問題の中で割引率を指定された状態で，株価を求める作業を行いました。つまり，知らないうちに株式の資本コストを使っていたことになります。

　普通株の資本コストは，次の CAPM という方法でも推計できることが知られています。実は，配当割引モデルの逆算よりも，CAPM の方が一般的な推計方法として使われています。

基礎理論 8 ― 3

　資本資産評価モデル（CAPM）に従えば，企業 i の普通株の資本コスト
は次式で決定される。

　普通株の資本コスト $= r_f + \beta_i \{E(r_m) - r_f\}$

　　ただし，

　　r_f：安全利子率　　$E(r_m)$：マーケット・ポートフォリオの期待収益率

　　$\beta_i = \dfrac{\mathrm{cov}(r_i, r_m)}{\mathrm{var}(r_m)}$

　　$\mathrm{cov}(r_i, r_m)$：企業 i の株式の収益率とマーケット・ポートフォリオの
　　　　　　　　　　収益率の共分数

　　$\mathrm{var}(r_m)$：マーケット・ポートフォリオの収益率の分数

　一見，難しそうな式にみえると思いますが，式の構造自体はそれほど複雑で
はありません。これまで何度も説明してきたとおり，資本コストは「安全利子
率＋リスク・プレミアム」ですが，CAPMもその通りの形になっています。つ
まりCAPMの $\beta_i \{E(r_m) - r_f\}$ の部分が，各企業の普通株に対するリスク・プ
レミアムにあたるのです。

　では，$\beta_i \{E(r_m) - r_f\}$ という式は何を意味しているのでしょうか。まず，
$\{E(r_m) - r_f\}$ の部分ですが，$E(r_m)$ というのはマーケット・ポートフォリオの
期待収益率です。ポートフォリオというのは，株式投資をする際に，通常ある
一社の株式だけを買うのでなく，業種や特性の異なる多くの会社の株式を少し
ずつ購入することで投資のリスクを下げるのですが（分散投資），その分散投資
した株式の組み合わせのことを指します。

　そしてマーケット・ポートフォリオとは，株式市場に存在する全ての株式を
組み入れたポートフォリオを意味します。したがって，マーケット・ポートフ
ォリオ収益率とは，全株式の平均的な値動きを表すことになります。現実的な
話をすれば，よく新聞やニュースなどでTOPIXとか日経平均株価といった平
均株価の指標が出てきますが，これらの値動きがマーケット・ポートフォリオ

収益率だと考えるとよいと思います。

　以上の説明からわかると思いますが，$\{E(r_m)-r_f\}$ とは，株式市場全体の期待収益率から安全利子率を引いたものということができます。これは言い換えれば，株式というリスクのある資産の平均的な期待収益率と安全資産収益率の間にどの程度の差があるかを示したものといえます。CAPMでは，この部分がリスク1単位に対して投資家が要求するリスク・プレミアムを表すことになります。

　では，CAPMでは，各企業のリスクの大きさはどのように測るのでしょうか。実はこれが，β なのです。この β は，マーケット・ポートフォリオの収益率が1％上昇したときに，その企業の株式収益率が何パーセント上昇するかという感応度を表しています。

　つまり，β が1.5であれば，株式市場全体の平均的な収益率が10％上昇したときには，その企業の株式収益率は15％（10％×1.5）上昇すると期待され，株式市場全体の平均的な収益率が20％下落したときには，その企業の株式収益率は30％（20％×1.5）下落すると期待されることになります。

　いわば β は，株式市場全体の値動きとその企業の株価の値動きの連動性を表していて，β が1よりも大きければ，その企業の株式は株式市場全体よりも値動きが激しく（リスクが高く），1よりも小さければ，株式市場全体よりも値動きが小さい（リスクが低い）ということになります。

　このようにCAPMでは，各企業のリスクを表す尺度として β を用いています。結局，CAPMでは，株式に対するリスク・プレミアムが，その企業のリスクの大きさ（β）に投資家がリスク1単位当たりに要求するリスク・プレミアム（$E(r_m)-r_f$）をかけることで求められるという式になっているのです。

【例題8－2】企業Pの株式収益率とマーケット・ポートフォリオ収益率との共分散は0.003である。また，マーケット・ポートフォリオについて，期待収益率が8％，分散が0.002である。企業Pの自己資本コストを求めなさい。安全利子率は2％である。

<解　答>

　　企業Pのβを計算すると，$\beta = \dfrac{0.003}{0.002} = 1.5$

　　CAPMを用いてP社の自己資本コストを計算すると，

　　$0.02 + 1.5 \times (0.08 - 0.02) = 0.11$

　　<u>（答）11％</u>

【例題8－3】【例題8－2】で出てきた企業Pの時価ベースの自己資本比率は40％である。企業Pの負債資本コストは4％である。企業PのWACCを求めなさい。また，企業Pは，毎年末に100億円のキャッシュ・フローを永久に生み出すと予想されている。企業Pの企業価値を求めなさい。法人税は存在しないとする。

<解　答>

$$WACC = \frac{40}{100} \times 0.11 + \frac{60}{100} \times 0.04 = 6.8\%$$

$$企業価値 = \frac{100}{1.068} + \frac{100}{1.068^2} + \frac{100}{1.068^3} + \cdots = \frac{100}{0.068}$$

$$= 1,470.6億円$$

　　<u>（答）1,470.6億円</u>

　最後に，CAPMで注目すべき点をもう一つ指摘しておきましょう。CAPMでは，普通株の資本コストを決める式の中で，個別企業特有の値がβだけになっています。他の変数，すなわち，$E(r_m)$, r_f は，ある時点においては世の中に一つしかない値であり，どの企業の資本コストを計算する上でも共通の値になります。

　このことは次のことを意味しています。世の中には多くの企業があり，当然，それぞれで普通株の資本コストは違うのですが，それはβのみによって決まるのです。例えば，トヨタとソニーの普通株の資本コストの違いは，両社のβの違いのみによって生じるのです。

【演習問題】

8−1　企業Aは，毎年末に期待値5,000円のキャッシュ・フローを永久に生み出し，全額配当すると予想されている。企業Aの理論株価を求めなさい。なお企業Aの株式収益率とマーケット・ポートフォリオ収益率との共分散は0.0018である。またマーケット・ポートフォリオの期待収益率は10%，収益率の分散は0.0012である。安全利子率は6%とする。

8−2　企業Bは，毎年末に期待値130億円のキャッシュ・フローを永久に生み出すと予想されている。企業Bは満期のない社債を発行しており，毎年末に10億円の利息を永久に返済することになっている。この社債にデフォルトのリスクはないとする。また企業Bの株式収益率とマーケット・ポートフォリオ収益率の共分散は0.0015である。安全利子率を2%，マーケット・ポートフォリオの期待収益率を10%，分散を0.002とする。法人税は存在しないとする。次の問いに答えなさい。

　(1)　企業Bの自己資本コストと株式価値を求めなさい。

　(2)　企業BのWACCを求めなさい。

　(3)　企業Bの企業価値を求めなさい。その際，①株式価値と社債価値の合計として企業価値を計算する，②毎年のキャッシュ・フローの現在価値として企業価値を計算する，という2つの方法を用いること。

8−3　企業Cは，毎年10億円のキャッシュ・フローを永久に生み出すと予想されている。企業Cは社債を発行しており，毎年末に3億円の利息を永久に支払う。企業Cは毎年末に社債利息支払い後のキャッシュ・フローを全額株主に配当する。今，この会社の株式価値が70億円，社債価値が60億円であるとする。法人税は存在しないとする。次の問いに答えなさい。

　(1)　企業Cの自己資本コスト，負債資本コスト，WACCを求めなさい。

　(2)　ある年，企業Cが9億円のキャッシュ・フローを生み出した。この年

の企業Cは株主価値の観点から見てどのように評価できるか。WACC
という用語を使って説明しなさい。

第 9 章
投資決定の基礎理論

9.1 割引キャッシュ・フロー法（DCF法）

　第2章で説明したように，投資とは，将来利益を得ることを目的に，現在キャッシュを支出することです。例えば，トヨタが自動車工場を建設すれば，工場建設のために多大なお金を支出することになりますが，完成した工場で自動車が生産され，販売されれば，トヨタはキャッシュ・フローを得ることになります。

　この章では，企業はどのような投資を実行すべきで，どのような投資を実行すべきでないか，もう少し簡単に言えば，銀座にもつ鍋屋を出すのは有利か不利かといった投資決定の基礎理論について学習します。その際，コーポレート・ファイナンスの世界では企業価値を最大化する投資決定を考えますから，投資によって企業価値がどのように変化するかを考える必要があります。実は，このことは，現在価値計算をベースに投資の採算を考えることで可能になります。

　現在価値計算の考え方に基づく投資決定方法として，正味現在価値法（NPV法）と内部収益率法（IRR法）の2つがあります。これらはいずれも現在価値計算の考え方をベースにしていますので，割引キャッシュ・フロー法（DCF法）と呼ばれています。以下では，次の【設例9−1】を使いながら，正味現在価値法と内部収益率法について勉強することにします。

┌─【設例 9 － 1 】─────────────────────────
│　　今あなたは，銀座にもつ鍋屋を出すかどうかを悩んでいます。銀座に
│　もつ鍋屋を出すには，500万円の投資を行う必要がありますが，2年後に
│　600万円（期待値）のキャッシュ・フローが得られると予想されています。
│　安全利子率を6％，キャッシュ・フローのリスクに対するリスク・プレ
│　ミアムを4％とします。
└──────────────────────────────────

9. 2　正味現在価値法

(1)　正味現在価値法の考え方

　銀座にもつ鍋屋を出すかどうかを決定するのは本来難しい問題ではありませ
ん。要は，投資（支出）よりキャッシュ・フロー（収入）が多ければ出すべき
ですし，少なければやめた方がいいことになります。ただし注意しなければな
らないのは，投資（支出）は現在行われるのに対し，キャッシュ・フロー（収
入）は将来（2年後）にしか入らないということです。したがって，単純に投
資額500万円と将来キャッシュ・フロー600万円を比較して，将来キャッシ
ュ・フローの方が大きいから実行しようと考えてはいけないことになります。
　しかしながら，読者のみなさんはすでに現在価値計算を勉強していますから，
この問題に対処できるはずです。つまり，将来キャッシュ・フローの現在価値
を計算すれば，現在支出される投資額と比較することが可能になるのです。具
体的には，次のように投資決定を行うことになります。

$$\frac{6,000,000}{(1+0.06+0.04)^2}-5,000,000$$

$$=4,958,678.7-5,000,000$$

$$=-41,322.3<0$$

　上の式は，将来キャッシュ・フローの現在価値（約495万8,678円）よりも投
資支出（500万円）の方が大きく，両者の差がマイナスになることを意味して

図表9－1　銀座にもつ鍋屋を出すプロジェクトの正味現在価値

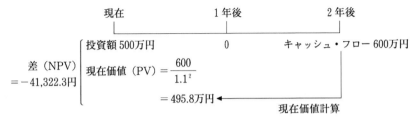

いています。したがって，銀座にもつ鍋屋を出すという投資は，明らかに実行すべ
きではありません（図表9－1参照）。

　今説明したような投資決定方法は正味現在価値法と呼ばれます。すなわち投
資が生み出すキャッシュ・フロー（現金収入）の現在価値（PV）から初期投資
額（現金支出）を差し引いたものを正味現在価値（NPV）と呼び，正味現在価
値が正の投資は実行し，正味現在価値が負の投資は実行しないという判断をす
ることになります。

　正味現在価値法を一般的な形で説明すると，基礎理論9－1 のようになり
ます。

基礎理論9－1

　初期投資額をI，n年後に得られるキャッシュ・フローの期待値をR_n
$(1 \leq n \leq T)$，安全利子率をr，投資のリスクに見合うリスク・プレミアム
をρとした場合，

$$\frac{R_1}{(1+r+\rho)} + \frac{R_2}{(1+r+\rho)^2} + \cdots + \frac{R_T}{(1+r+\rho)^T} - I = \sum_{n=1}^{T} \frac{R_n}{(1+r+\rho)^n} - I$$

を正味現在価値（NPV）という。この正味現在価値が正の投資案を採用
し，また正味現在価値が大きい投資案を優先的に採用する投資決定法を
正味現在価値法という。

【例題9－1】次の投資案Aを実行してよいか。正味現在価値法で判断しなさ
い。なお初期投資額は支出，それ以外のキャッシュ・フローは収入を表わ

す。安全利子率を7％，キャッシュ・フローのリスクに対するリスク・プレミアムを3％とする。

キャッシュ・フロー（単位：億円）

	初期投資額	1年目	2年目	3年目
投資案A	100	30	40	90

<解　答>

$$NPV = \frac{30}{(1+0.07+0.03)} + \frac{40}{(1+0.07+0.03)^2} + \frac{90}{(1+0.07+0.03)^3} - 100$$

$$= 27.9489億円$$

NPV（正味現在価値）が正なので，投資案Aは実行すべきである。

【例題9－2】次の3つの投資案があり，どれか一つを実行します。どれを実行すべきでしょうか？　正味現在価値法で判断しなさい。安全利子率を7％，キャッシュ・フローのリスクに対するリスク・プレミアムを3％とします。

キャッシュ・フロー（単位：億円）

時　期	初期投資額	1年目	2年目	3年目
投資案A	100	30	40	90
投資案B	100	70	45	40
投資案C	100	105	0	0

（注）初期投資額は支出で，1年目，2年目，3年目のキャッシュ・フローは収入を表します。また初期投資額以外はリスクがあり，数値は期待値です。

<考え方>

複数の投資案の中から一つの投資案を選ぶには，正味現在価値（NPV）の最も高い投資案を選べばよい。

<解　答>

各投資案のNPVを出すと（単位：億円）

$$A \sim NPV = \frac{30}{(1+0.07+0.03)} + \frac{40}{(1+0.07+0.03)^2} + \frac{90}{(1+0.07+0.03)^3} - 100$$

$$= 27.9489$$

$$B \sim NPV = \frac{70}{(1+0.07+0.03)} + \frac{45}{(1+0.07+0.03)^2} + \frac{40}{(1+0.07+0.03)^3} - 100$$

$$= 30.879$$

$$C \sim NPV = \frac{105}{(1+0.07+0.03)} - 100 = -4.545$$

よって，投資案Bを実行すべきである。

上の【例題9-2】から，投資決定方法のエッセンスを理解することができます。3つの投資案を比較すると，初期投資額はいずれも同じですが，投資案Aは3年間で得られるキャッシュ・フロー合計が一番多いという特徴があります。これに対して，投資案Bは3年間で得られるキャッシュ・フロー合計は投資案Aより小さいのですが，投資案Aに比べると早い時期に多くのキャッシュ・フローを生み出すという特徴があります。最後に投資案Cは，早い時期に多くのキャッシュ・フローが得られますが，3年間で得られるキャッシュ・フロー合計は一番小さいという投資案です。

結論は投資案Bを実行すべきなのですが，投資案Bは投資案Aに比べて，より早い時期に多くのキャッシュ・フローが得られるため，現在価値計算をベースにした投資決定法では，投資案Aよりも有利になります。これは，より早期にキャッシュ・フローを得ると，それを預金や株式などの他の運用先に再投資することによって，最後にはより大きなキャッシュ・フローとなるからです。

ただし，いくら早期にキャッシュ・フローが得られた方がいいとはいっても，投資案Cのように，キャッシュ・フローの合計があまりに少なければ，実行するべきではありませんので，投資案Bがベストだという結論になります。

(2) 正味現在価値と企業価値・株式価値

　最初に説明したように，コーポレート・ファイナンスでは，投資を実行することで企業価値がどのように変化するかを考えます。企業価値は，企業の生み出すキャッシュ・フローの現在価値ですが，投資を実行する場合は初期投資額分の支出を行いますので，その分，企業価値が低下します。一方で，実行した投資が将来キャッシュ・フローを生み出しますので，その現在価値分だけ企業価値が上昇します。結局，企業が投資を実行した場合には，「将来キャッシュ・フローの現在価値－初期投資額」だけ，企業価値が変化することになります。そしてこれは，正味現在価値にほかなりません。実は正味現在価値法（正味現在価値が正の投資を実行する）とは，企業価値を上昇させる投資（＝正味現在価値が正の投資）を実行し，企業価値を低下させる投資（＝正味現在価値が負の投資）は実行しないという考え方になっているのです。

　なお，正味現在価値分の企業価値変化の大部分は，そのまま株式価値の変化につながります。投資実行前に企業が発行していた社債にデフォルトのリスクがなかった場合，社債権者は利息と額面償還を確実に受け取れる状況にあった訳ですから，投資の実行によって企業の将来キャッシュ・フローが増えたとしても，社債権者のキャッシュ・フローは全く増えません（社債価値も変化しません）。この場合，投資実行によって企業価値・株式価値のいずれも正味現在価値分だけ変化することになります。ただし，投資の実行によって社債のデフォルト・リスクが変化する場合は，社債価値が変化するため，企業価値の変化と株式価値の変化が一致しないことになります。

9.3　内部収益率法

　先に学習した正味現在価値法は，投資案の収益性を正味現在価値という金額で表現するという特徴を持っています。これに対して，私たち一般個人が貯蓄をどこに運用するかを考える際には，さまざまな金融商品の収益性をパーセントで比較することが一般的だと思います。具体的には，銀行預金は金利○○

％，外貨預金は金利△△％，国債は利回り◇◇％，投資信託は予想利回り××％…というように，さまざまな運用先の収益率を比較しながら，どれに運用するかを考えると思います。このように考えると，企業の投資決定を考える際にも，金額で投資案の収益性を考えるのでなく，収益率を基準に考えるのも自然な方法だと考えられます。

　具体的には，投資案の期待収益率を計算し，それを最低でも欲しいと考えていた収益率（最低要求収益率）と比較して，投資案の期待収益率の方が高ければその投資案を実行し，逆であれば実行しないという形で投資決定を行うことができるのです。

　ここで最低要求収益率は，安全利子率＋投資のリスクに見合ったリスク・プレミアムという形で決まります。【設例9－1】の銀座にもつ鍋屋を出すという投資案を考えましょう。まず，同じ500万円を投資するのに，安全資産（預金）に投資した方が有利ならば，明らかにそのような投資をすべきではありませんから，もつ鍋屋を出すには，それによる期待収益率が最低でも安全利子率の6％はないといけません。

　また，もつ鍋屋を出すという投資案にはリスクがありますから，その分安全資産よりも高い期待収益率がないと実行してはいけません。【設例9－1】では，リスク・プレミアムが4％と示されていますから，安全資産よりも期待収益率が4％は高くないと，この投資は実行してはいけないということになります。したがって，銀座にもつ鍋屋を出すという投資案の最低要求収益率は10％ということになり，投資案の期待収益率がこれよりも高ければ実行すべきであり，逆であれば実行すべきでないということになります。

　最低要求収益率はまた，企業の投資と同じリスクの金融商品の期待収益率を意味しています。第6章で説明したように，コーポレート・ファイナンスでは，金融市場にあらゆるリスクの金融商品が存在すると想定しています。企業のキャッシュ・フローの現在価値計算を行う際は，同じリスクの金融商品の期待収益率を割引率（安全利子率＋リスク・プレミアム）として用い，これを資本コストと呼んでいます（図表6－3参照）。内部収益率における最低要求収益率（安全

利子率＋リスク・プレミアム）も，これと全く同じものですので，それは同じリスクの金融商品の期待収益率になっており，投資の資本コストと呼ばれています。このとき，投資の期待収益率を最低要求収益率と比較するという方法（内部収益率法）は，投資の期待収益率が同じリスクの金融商品の期待収益率よりも高ければ投資を実行して，低ければ実行しないということを意味します。直観的に考えて，企業が同じリスクの金融商品の期待収益率よりも高いリターンの投資を実行すれば，資本提供者の富（企業価値）は増大するでしょう。内部収益率法は，いわば，投資のリターンを機会コストと比較する方法なのです。

では，銀座にもつ鍋屋を出すという投資案の期待収益率は何パーセントになるのでしょうか。ここで注意しなければならないのは，投資の期待収益率を計算する際にも，現在価値計算の考え方をふまえて計算しなければならないということです。言い換えれば，早期に得られたキャッシュ・フローは他の運用先への再投資によって，さらに大きなキャッシュ・フローになることまで考慮して，投資の期待収益率を計算しなければならないのです。具体的にいえば，【設例9－1】の銀座にもつ鍋屋を出す投資案の場合，次のような単純な計算方法で年あたりの期待収益率を計算してはいけないのです。

$$\frac{600-500}{500} \times 100 \times \frac{1}{2} = 10\%$$

なぜこのような計算方法が間違いなのでしょうか。このことを確認するために，次の【設例9－2】について考えてみましょう。

【設例9－2】

あなたは今，もつ鍋屋を銀座に出すか，博多（福岡）に出すか悩んでいる。これら2つの投資案は，それぞれ次のキャッシュ・フローをもたらす。

キャッシュ・フロー（単位：万円）

場 所	初期投資額	1年目	2年目
銀 座	500	0	600
博 多	500	600	0

　【設例 9 − 2 】の 2 つの投資案について，先ほどの方法で年当たりの期待収益率を出すと，両方10％になってしまい，同じ収益率になってしまいます。しかしながら，現在価値計算をベースに考えればより早期にキャッシュ・フローが得られた方が，他の運用先に再投資できる分だけ有利ですから，明らかに博多にもつ鍋屋を出す方が有利なはずです。このように，先ほどの単純な方法で期待収益率を計算すると，誤った判断を下してしまうことになります。

　では，どのような方法で投資案の期待収益率を計算すればよいのでしょうか？ これについては，内部収益率法という投資決定法があり，次の【基礎理論 9 − 2 】に示された方法で投資決定を行うことができます。

基礎理論 9 − 2

　初期投資額を I，n 年目に得られる期待キャッシュ・フローを R_n としたとき（$1 \le n \le T$），

$$\frac{R_1}{(1+k)} + \frac{R_2}{(1+k)^2} + \cdots + \frac{R_T}{(1+k)^T} = I$$

を満たす k を内部収益率（IRR）という。内部収益率は，早期に得られたキャッシュ・フローが再投資されることを考慮した投資の年当たり期待収益率である。あらかじめ投資を実行する際の最低要求収益率（資本コスト）を定めておき，内部収益率が資本コストを超える場合にその投資案を採用するという投資決定方法を内部収益率法という。また複数の投資案のうちどれを実行すべきかを考える際には，内部収益率が大きい投資案を優先的に実行する。なお投資の資本コストは「安全利子率＋投資のリスクに見合うリスク・プレミアム」で計算される。

　【例題 9 − 3 】【設例 9 − 2 】の 2 つの投資案について，それぞれ実行してよいかどうかを内部収益率法で判断しなさい。安全利子率を 6 ％，キャッシュ・フローのリスクに対するリスク・プレミアムを 4 ％とします。

＜解　答＞

　銀座，博多の内部収益率をそれぞれ，k_G, k_Hとおくと，

　　銀座　　　　　$\dfrac{600}{(1+k_G)^2} = 500$　　　$k_G = 0.09545$

　内部収益率は9.5％で，切捨率10％より低いので，実行してはいけない。

　　博多　　　　　$\dfrac{600}{1+k_H} = 500$　　　$k_H = 0.2$

　内部収益率は20％で，切捨率10％より高いので，実行すべきである。

【例題9－4】【例題9－2】の投資案A，B，Cのうち，どれを実行すべき
　か。内部収益率法で判断しなさい。

＜解　答＞

　各投資案の内部収益率を，k_A, k_B, k_C, とすると，

　　A～　$\dfrac{30}{1+k_A} + \dfrac{40}{(1+k_A)^2} + \dfrac{90}{(1+k_A)^3} = 100$　　$k_A = 0.22557$

　　B～　$\dfrac{70}{1+k_B} + \dfrac{45}{(1+k_B)^2} + \dfrac{40}{(1+k_B)^3} = 100$　　$k_B = 0.28952$

　　C～　$\dfrac{105}{1+k_C} = 100$　　　　　　　　　　$k_C = 0.05$

　以上より，内部収益率が最も高く，切捨率10％を超えている投資案Bを実
行すべきである。

　【例題9－4】を解いた時，「内部収益率を簡単に計算する方法はないのか？」
と思った人が多いのではないでしょうか。実は，一般的な電卓で内部収益率を
求めるには，適当な値を入れてみて，左辺と右辺が一致するまで調整し続ける
という試行錯誤を繰り返すしかありません。エクセルなどの表計算ソフトには
内部収益率を計算する関数が入っていますので，パソコンを使えば簡単に計算
できますが，残念ながら試験の時にはパソコンは使えないことが多いでしょう
から，電卓を使って試行錯誤を続けるしかないということになります。

　ただし，次のような特殊なケースでは，内部収益率を一目で求めることができます。

基礎理論9－3

　次のようなキャッシュフロー・パターンをもたらす投資案の場合，内部収益率は$\frac{K}{I}$となる。

キャッシュ・フロー

初期投資額	1年目	2年目	3年目	…	T年目
I	K	K	K	…	$I+K$

　注意深く見てみると，基礎理論9－3の投資案のキャッシュ・フローが，定期預金にお金を預けたり，利付き債を購入した場合のキャッシュフロー・パターンと同じであることがわかると思います。

　先に述べたように，内部収益率というのは，投資の収益性を預金や債券などの金融商品と同様に，収益率で表したものですから，キャッシュフロー・パターンが預金や債券と同じ形になっていれば，内部収益率は必然的にその金利（利回り）と同じになります。しかしながら，企業が行う投資の場合，預金・債券のようなきれいな形のキャッシュ・フローをもたらすことはあまりなく，むしろ毎年のキャッシュ・フローがバラバラなことが多いので，基礎理論9－3の方法を適用できることは少ないと思われます[1]。そのような場合は，表計算ソフトを使うか，試行錯誤で内部収益率を求めることになります。

---

(1)　それにもかかわらず，わざわざ基礎理論9－3を説明するのは，投資の内部収益率が実は定期預金の金利のようなものだということを実感して欲しいからです。

9.4 投資の資本コスト

これまで，NPV法と内部収益率法による投資決定方法を説明してきました。いずれの方法でも，「安全利子率＋投資のリスクに見合ったリスク・プレミアム」，すなわち資本コストが必要になりますが，第7章，第8章の話と同じように，これは同じリスクの金融商品の期待収益率となります。では，実際の企業経営で新規投資決定を行う場合には，投資のリスクと同じリスクの金融商品の期待収益率をどのようにして見つけてくればよいのでしょうか？

実務においては，投資の資本コストとしてWACCを用いることが多いようです。この方法は正しいケースもありますが，誤りとなるケースもあります。ここでは，この点について説明しましょう。なお，当面，法人税は存在しないものとして説明します。

図表9－2に示されているように，企業Xにすでに実行している投資プロジェクトと新規に予定している投資プロジェクトがあるとします。厄介なのは，同じ企業の投資プロジェクトであっても，それぞれリスクが異なる可能性があることです。例えば，トヨタは自動車事業の他に，住宅事業，金融事業，バイオ・緑化事業などを行っていますが，自動車事業における投資と住宅事業における投資のリスクは異なっている可能性が高いでしょう。仮に図表9－2のように，企業Xの既存投資のリスクが金融商品Bのリスクと同じであるのに対し，

図表9－2　既存の投資と新規投資

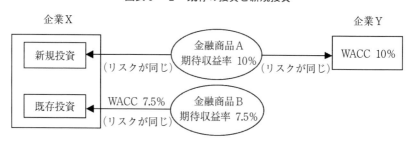

新規投資のリスクが金融商品Aのリスクと同じであるとします。この時，新規投資の決定については，金融商品Aの期待収益率である10％を資本コストとして使います。一方で，証券市場がまだ新規投資のことを全く知らないとすれば，現在の企業価値は既存投資のキャッシュ・フローのみを反映しているはずで，WACCは7.5％になっているはずです。

結論を言えば，既存投資のリスクと新規投資のリスクが同じである場合には，新規投資決定の資本コストとしてWACCを用いてよいことになりますが，そうでない場合には，新規投資の資本コストとしてWACCを用いるのは誤りとなります。その場合，新規投資のリスクと同じリスクの金融商品の期待収益率を見つけてくることになりますが，これはどのようにして見つければよいのでしょうか？ 一つの方法は，新規投資と同じリスクの事業を専業で行っている（＝金融商品Aと同じリスクの事業のみを行っている）企業を見つけてきて，その企業のWACCを採用するというものです。例えば，新規投資が住宅事業であれば，住宅事業を専門に行っている企業を探して，その会社のWACCを新規投資の資本コストとするのです。図表9－2では，金融商品Aと同じリスクの企業YのWACCが10％になっていますので，企業Xは新規投資の資本コストとして10％を使うことになります。

なお，現実の世界には法人税が存在します。第10章で説明するように，法人税が存在する場合，負債の節税効果が生じるため，資本構成が変わればWACCも変わってきます（自己資本比率が低くなるほどWACCが低くなります）。このとき，企業が新規投資を実行する場合の資本コストは，新規投資と同じリスクの事業を行っていて，さらに資本構成が新規投資の資金調達構成と同じになっている企業のWACCを採用する必要があるということになります。

9．5 正味現在価値法と内部収益率法の優劣

(1) 内部収益率法の欠点1

これまで，正味現在価値法と内部収益率法という2つの投資決定方法につい

150 ———●

て学習しました。これらはいずれも現在価値計算の考えに基づいており，コーポレート・ファイナンスで正しいとされている投資決定方法です。両者はあわせて，割引キャッシュ・フロー法と呼ばれています。

　正味現在価値法，内部収益率法の両方とも正しい投資決定方法ですから，多くの場合，これらの投資決定法は同じ結論を導きます。実際，【例題 9－2】の 3 つの投資案についてみると，正味現在価値法，内部収益率法の両方とも，投資案Bを実行すべきであるという結論を出しています。

　しかしながら，場合によっては，正味現在価値法と内部収益率法で違う結論が出てくることがあります。そのような場合は，どちらの結論を採用すればよいのでしょうか？ この点について説明するために，次の【設例 9－3】について考えてみましょう。

―【設例 9－3】――――――――――――――――――――
　　次の投資案X，Yのうちどちらか一方を実行する。どちらを実行すべきか？ 安全利子率を 4 ％，投資のリスクに見合うリスク・プレミアムを6 ％とする。

	初期投資額	1 年目
投資案X	10億円	13億円
投資案Y	100億円	120億円

　まず投資案X，Yについて，正味現在価値法（NPV法），内部収益率法（IRR法）によって，どちらが有利かそれぞれ判断してみましょう。

＜正味現在価値法（NPV法）＞

投資案X　　$NPV = \dfrac{13}{(1+0.04+0.06)} - 10 = 1.818億円$

投資案Y　　$NPV = \dfrac{120}{(1+0.04+0.06)} - 100 = 9.091億円$

　よって，投資案Yを実行すべきである。

<内部収益率法（IRR法）>

投資案X，Yの内部収益率をそれぞれ，k_X，k_Yとおくと，

投資案X　　$\dfrac{13}{(1+k_X)} = 10$　　$k_X = 0.3$　　内部収益率は30％

投資案Y　　$\dfrac{120}{(1+k_Y)} = 100$　　$k_Y = 0.2$　　内部収益率は20％

よって，投資案Xを実行すべきである。

このように，場合によっては，正味現在価値法と内部収益率法で違う結論が出ることがあります。では，どちらの結論を採用すべきでしょうか？

答えは，正味現在価値法の結論を採用すべきです。内部収益率法の一つの問題点として，投資の規模を考慮していないことが指摘されています。確かに，上の投資案Xは投資案Yよりも高い期待収益率を有していますが，それによってもたらされるキャッシュ・フローの正味現在価値あるいは企業価値の増額は約1.8億円にすぎません。

これに対して，投資案Yは，収益率の面では投資案Xに劣りますが，それによってもたらされるキャッシュ・フローの正味現在価値あるいは企業価値の増額は約9.1億円あるわけです。このように考えると，常識的には，規模の大きい投資案Yを採用するのが一般的だといえるでしょう。

(2) 内部収益率法の欠点2

もう一つの内部収益率法の欠点として，仮定している再投資収益率が高すぎるということが指摘されています。この点を考えるために，次の【設例9−4】について考えてみましょう。

152 ——●

【設例9－4】

O社は，次の投資プロジェクトP，Q，Rのいずれかを実行しようと考えている。安全利子率を4％，投資のリスクに見合うリスク・プレミアムを6％とする。

	初期投資額	1年目	2年目
投資案P	10億円	12億円	0
投資案Q	10億円	0	14.4億円
投資案R	10億円	0	13.2億円

まず，どの投資案を採用すべきか，正味現在価値法と内部収益率法で判断してみましょう。

＜正味現在価値法＞

投資案P　　$NPV = \dfrac{12}{(1+0.04+0.06)} - 10 = 0.909$億円

投資案Q　　$NPV = \dfrac{14.4}{(1+0.04+0.06)^2} - 10 = 1.901$億円

投資案R　　$NPV = \dfrac{13.2}{(1+0.04+0.06)^2} - 10 = 0.909$億円

したがって，投資案Qを採用する。投資案Pと投資案Rは同じ評価となる。

＜内部収益率法＞

投資案P，Q，Rの内部収益率をそれぞれ，k_P，k_Q，k_Rとおくと，

投資案P　　$\dfrac{12}{(1+k_P)} = 10$　　$k_P = 0.2$　　内部収益率20％

投資案Q　　$\dfrac{14.4}{(1+k_Q)^2} = 10$　　$k_Q = 0.2$　　内部収益率20％

投資案R　　$\dfrac{13.2}{(1+k_R)^2} = 10$　　$k_R = 0.1489$　　内部収益率14.9％

したがって，投資案P，Qのどちらかを採用する。両投資案は同じ評価となる。

　この場合も，正味現在価値法と内部収益率法で結論が異なっていますが，ま
ず，正味現在価値法で投資案P，Rが同じ評価になる点に注目してください。
１年目に12億円のキャッシュ・フローを生み出す投資案Pと２年目に13.2億円
のキャッシュ・フローを生み出す投資案Rが同じ評価を受けるということは，
正味現在価値法では，投資案Pを実行して１年目に得られる12億円のキャッシ
ュ・フローは，収益率10％で再投資され，２年目には$12 \times (1+0.1) = 13.2$億円
になることが暗黙のうちに仮定されていることになります。言い換えれば，正
味現在価値法では，投資が生み出すキャッシュ・フローの再投資収益率が資本
コスト（安全利子率＋リスク・プレミアム）に等しくなると仮定されているのです。

　次に，内部収益率法で投資案P，Qが同じ評価になる点に注目してください。
１年目に12億円のキャッシュ・フローを生み出す投資案Pと２年目に14.4億円
のキャッシュ・フローを生み出す投資案Qが同じ評価を受けるということは，
内部収益率法では，投資案Pを実行して１年後に得られる12億円のキャッシ
ュ・フローは，収益率20％で再投資され，２年目には$12 \times (1+0.2) = 14.4$億
円になることが暗黙のうちに仮定されているのです。言い換えれば，内部収益
率法では，投資が生み出すキャッシュ・フローの再投資収益率が内部収益率に
等しくなると想定されているのです。

　このように，正味現在価値法と内部収益率法では，再投資収益率についての
仮定が異なっているのですが，一般には，正味現在価値法のように，再投資収
益率を資本コストとして仮定する方が妥当であると考えられています。安全利
子率＋リスク・プレミアムで計算される割引率は，その投資と同じリスクの金
融商品（投資信託等）の期待収益率ですので，企業にとってそのような再投資
先を見つけるのは比較的容易であると思われます。しかしながら，再投資収益
率を内部収益率と仮定してしまうと，企業は投資が生み出したキャッシュ・フ
ローを，その投資と同じ収益率をもたらす他の投資プロジェクトに運用しなけ
ればならないということになります。実際には，企業にとってそのような再投
資先を見つけるのは容易ではないでしょう。

　以上の理由から，再投資収益率は，資本コストとして仮定するほうが妥当で

あり，したがって，内部収益率法よりも正味現在価値法の方が，より妥当な投資決定方法であるといえます。

(3) 内部収益率法の利点

　先に述べたように，コーポレート・ファイナンスの世界では，内部収益率法よりも正味現在価値法の方が優れた投資決定法と考えられています。しかしながら，実用上は内部収益率法の方が優れた面もあります。それは，複数の投資案の優劣を判断する際，内部収益率法ではリスク・プレミアムがわからなくてもよいということです。

　正味現在価値を計算するには，安全利子率＋リスク・プレミアムを資本コストとして使いますので，必ずリスク・プレミアムについての情報が必要ですが，内部収益率を計算するだけであれば，リスク・プレミアムが何パーセントかわからなくても問題ありません。現実には，安全利子率は国債の利回りなどを利用すればよいのですが，投資案のリスクに見合うリスク・プレミアムを何パーセントにするかは非常に難しい問題です。したがって実用上は，内部収益率法が正味現在価値法よりも使いやすいといえるでしょう。

【演習問題】

9－1　初期投資額が30億円，1年目から4年目まで4.5億円，5年目に34.5億円のキャッシュ・フローをもたらす投資プロジェクトを実行してよいか，内部収益率法で判断しなさい。キャッシュ・フローは全て年末に生み出される。安全利子率を3％，投資のリスクに見合うリスク・プレミアムを4％とする。

9－2　以下のキャッシュ・フローをもたらす投資案がある。投資案Ｘ～Ｚのうちどれを実行すべきか。正味現在価値法で判断しなさい。キャッシュ・フローは全て年末に生み出される。安全利子率を8％，投資のリスクに対す

るリスク・プレミアムを2％とする。

キャッシュ・フロー（単位：万円）

	初期投資額	1年目	2年目	3年目
投資案X	100	30	60	50
投資案Y	100	90	40	0
投資案Z	100	0	50	100

9－3　ある投資案は，初期投資額が300億円で，毎年末に20億円のキャッシュ・フローを永久にもたらすと予測されている。この投資を実行すべきか判断しなさい。安全利子率を3％，投資のリスクに見合うリスク・プレミアムを3％とする。

9－4　Q社は，次のようなキャッシュ・フローをもたらす投資プロジェクトRを保有している。キャッシュ・フローは全て年末に生み出される。Q社がプロジェクトRを実行すべきか否かを正味現在価値法で判断しなさい。法人税率はゼロとする。なお，投資プロジェクトRのリスクは，Q社の既存プロジェクトのリスクと同一である。

＜投資プロジェクトRについてのデータ＞

初期投資額	1年目	2年目	3年目	4年目
130	30	40	40	30

単位：億円

初期投資は支出，それ以外は全て収入。

＜ファイナンス・データ＞

安全利子率：4％　　Q社の負債の資本コスト：4％

Q社の自己資本比率：50％

Q社株のβは0.8。マーケット・ポートフォリオの期待収益率は14％。

第**10**章

資本構成の基礎理論

10.1 資本構成とは

第Ⅰ部で説明したように，企業は多様な資金調達手段を利用していますが，それらは自己資本調達と負債資本調達に分類できます。企業のストックとしての自己資本，負債の組み合わせ比率を資本構成といいます。資本構成は，企業がそれまで行ってきた資金調達の内容を表すものですが，このとき，自己資本と負債の最適な組み合わせ比率（最適資本構成）は存在するのかという大きな疑問が生じることになります。

第1章で説明したように，実際の企業の資本構成をみる指標として，自己資本比率があります。第1章の図表1－6に示したように，ソフトバンクとJR東日本の自己資本比率は30％前後で，トヨタ，DeNAの自己資本比率は70％を超えています。この時，（商品や工場・事業所の数・場所などは別にして）資本構成の異なるこれらの会社のうちのどの会社が高く評価されるかという問題が，最適資本構成の問題です。この章では，最適資本構成の問題について，基礎的な理論を紹介することにします。

10.2 レバレッジ効果

第7章で説明したように，コーポレート・ファイナンスでは，企業価値を高める財務政策を考えます。第9章では，企業価値を高める投資決定について説

明しました。ここでは，企業の資本構成が企業価値に影響するかを考えること
になります。次の【設例10−1】について考えてみましょう。

---【設例10−1】------------------------------------

　必要資金100万円で毎年末に50％の確率で20万円（運の良い年），50％の
確率で5万円（運の悪い年）のキャッシュ・フローを永久にもたらす投資
プロジェクトがあり，企業U，Lがこれを実行しようとしている[1]。企
業Uは必要資金100万円を全額自己資本で調達する。企業Lは60万円を自
己資本で調達し，40万円を負債で調達する。なお負債の金利は10％で，
企業Lは毎年末に4万円を永久に返済していくとする（元本の返済期限は永
久に来ないとする）[2]。

　【設例10−1】でまず確認して欲しいのは，企業UとLが全く同じ投資（ビ
ジネス）を行う設定になっている点です。企業の実行する投資（ビジネス）が違
っていれば，キャッシュ・フローも異なってきますので，それらの企業の評価
が違ってくるのは当たり前のことです。この章で考えたいのは，全く同じビジ
ネスをやっている企業が資本構成の違いだけで評価が変わるのかという問題で
すから，【設例10−1】のように，同じ投資を行っていて，資本構成だけが異
なる企業を考えることになります。

　第1章で説明したように，企業が負債を利用するとレバレッジ効果が働き，
株主の収益率はハイリスク・ハイリターンになります。まずこの点を確認しま

---

[1]　この投資で得られる資産は永久にキャッシュ・フローを生み出すため，減価償却費
は計上する必要がありません。
[2]　読者の多くは，元本の返済期限がなく，永久に利息を支払い続けるという設定を不
思議に思うと思います。ただ，仮に返済期限がある負債を考えると，企業Lが返済期
限に負債を返済してしまえば，資本構成が変わって全額自己資本企業に変わってしま
うため，最適資本構成の問題を考える上では不都合になってしまいます。この設定を
理解しやすくするには，返済期限が存在する一方で，返済期限が来るたびに同じ金利
で借り換えを行うという状況を考えると良いかもしれません。なお，返済期限がなく，
永久に利子を払い続けるという負債はコンソル債といって，債券の一種として実在し
ています。

しょう。第2章で説明したように，投資の収益性はROAという指標でみますが，この設例では，ROAは次のように計算されます。なお，企業Uと企業Lは同じ投資（ビジネス）を行っているわけですから，ROAは両企業で全く同じになります。

$$成功した年のROA = \frac{20}{100} = 20\%$$

$$失敗した年のROA = \frac{5}{100} = 5\%$$

$$期待ROA = \frac{50}{100} \times 0.2 + \frac{50}{100} \times 0.05 = 12.5\%$$

ROAの標準偏差（リスク）

$$= \sqrt{\frac{50}{100} \times (0.2-0.125)^2 + \frac{50}{100} \times (0.05-0.125)^2} = 7.5\%$$

では次に，株主のリターンはどうなるのでしょうか？　これを考えるために，両企業のROEを計算してみましょう。ROEは，全額自己資本の企業Uと負債を利用している企業Lで違ってきます。

＜企業UのROE＞

$$成功した年のROE = \frac{20}{100} = 20\%$$

$$失敗した年のROE = \frac{5}{100} = 5\%$$

$$期待ROE = \frac{50}{100} \times 0.2 + \frac{50}{100} \times 0.05 = 12.5\%$$

ROEの標準偏差（リスク）

$$= \sqrt{\frac{50}{100} \times (0.2-0.125)^2 + \frac{50}{100} \times (0.05-0.125)^2} = 7.5\%$$

このように，企業UのROEはROAと全く同じになります。これは次のように考えると当たり前の結果です。つまり，一般に投資に必要な資金は株主か債権者が提供し，投資が生み出すキャッシュ・フローは債権者か株主に配分されるわけですが，全額自己資本の企業Uの場合株主しかいない（債権者がいない）

ため，投資資金は全て株主が出し，投資が生み出すキャッシュ・フローは全て株主が受け取るため，結局投資が生み出す収益率と株主の収益率は全く同じになるのです。

では次に，企業LのROEを出してみましょう。

＜企業LのROE＞

$$成功した年のROE = \frac{20-4}{60} = 26.67\%$$

$$失敗した年のROE = \frac{5-4}{60} = 1.67\%$$

$$毎年の期待ROE = \frac{50}{100} \times 0.2667 + \frac{50}{100} \times 0.0167 = 14.17\%$$

ROEの標準偏差（リスク）

$$= \sqrt{\frac{50}{100} \times (0.2667-0.1417)^2 + \frac{50}{100} \times (0.0167-0.1417)^2} = 12.5\%$$

企業Uと企業LのROEを比較すると，次のことがわかります。まず，期待ROEを比較すると，負債を利用している企業Lの方が高くなっています。次に成功したときのROEは企業Lの方が高く，失敗した場合のROEは企業Uの方が高くなっています。このため，必然的に企業Lの方がリスクが高くなっています[3]。やはり，負債を利用している企業Lではレバレッジ効果が働くため，株主のリターンがハイリスク・ハイリターンになっています。

一般に，ROA，ROEと資本構成の間には，基礎理論10-1 の関係が成立することが知られています。

基礎理論10-1

$$ROE = ROA + \frac{D}{E}(ROA-r)$$

ただし，E：自己資本　D：負債　r：負債の金利

基礎理論10-1 に示されているように，ROAが負債の金利を上回っている

[3] この点は，企業が負債を利用すると，株主はビジネス・リスクだけでなくファイナンシャル・リスク（財務リスク）も負担しなければならないという話に対応します。

限り，負債比率（$\frac{D}{E}$）が高くなるほどROEは高くなります。逆に，ROAが負債の金利を下回ってしまうと，負債比率が高くなるほどROEは低くなります。

このため，期待ROAが負債の金利よりも高ければ，負債比率が高くなるほど期待ROEは高くなるのですが，一方でROEのリスクは大きくなってしまいます[4]。

10.3　MMの資本構成無関連命題

先に説明したように，企業が負債を使えば，株主のリターンはハイリスク・ハイリターンとなります（レバレッジ効果）。では，負債を使わず，資本提供者（株主）に中リスク・中リターンを与える企業と，負債を使うことで資本提供者を債権者と株主の2種類に分け，債権者にはリスクを負わせないが株主にはハイリスク・ハイリターンをもたらすという企業では，どちらの企業価値が高くなるのでしょうか？

(1) 裁定取引と裁定利益

次の質問10-1について考えてみてください。

───── 質問10-1 ─────

【設例10-1】の企業U，企業Lについて考える。今あなたは，企業Uの株式の10%部分を持っている。企業Uの総株式価値が100万円（10%部分は10万円），企業Lの総株式価値が60万円（10%部分は6万円），総負債（社債）価値が30万円（10%部分は3万円）になっている。このとき，ある行動をとることで，あなたは今すぐに利益を得ることができる。さて，どう行動すればよいだろうか？[5]

[4] 正確には，$E(ROE)=E(ROA)+\frac{D}{E}\{E(ROA)-r\}$，$\sigma(ROE)=(1+\frac{D}{E})\sigma(ROA)$となります。ただし，Eは期待値，$\sigma$は標準偏差を表す記号です。

[5] 利益を得るのが今すぐでなくてよければ，数多くの方法がありますが，ここで考えて欲しいのは，今すぐ利益を得る方法です。それによって，企業U，Lの企業価値の関係を求めることができます。

　質問10−1について考えるために，企業Ｕと企業Ｌの株式，社債から得られるキャッシュフロー・パターンについて確認しておきましょう。

　企業Ｕは毎年50％の確率で20万円のキャッシュ・フロー，50％の確率で５万円のキャッシュ・フローを得ますが，企業Ｕには債権者がいませんので，これらのキャッシュ・フローは全て株主のものとなります。したがって，企業Ｕの株式の10％部分を保有していれば，毎年50％の確率で２万円，50％の確率で５千円のキャッシュ・フローを得ることになります。そして，その企業Ｕの株式10％部分が，現在10万円で売買されているのです。

　企業Ｌの株主はどうでしょうか？　企業Ｌも企業Ｕと同様に，毎年50％の確率で20万円のキャッシュ・フロー，50％の確率で５万円のキャッシュ・フローを生み出しますが，企業Ｌには債権者がいて，債権者に毎年４万円を払わなければいけませんから，株主が得るキャッシュ・フローはそれぞれ16万円か１万円ということになります。したがって，企業Ｌの株式の10％部分を保有していれば，毎年50％の確率で１万6,000円，50％の確率で1,000円のキャッシュ・フローを得ることになります。そして，その企業Ｌの株式の10％部分が，現在６万円で売買されているのです。

　最後に，いうまでもありませんが，企業Ｌの負債（社債）の10％部分を保有していれば，毎年確実に4,000円のキャッシュ・フローを得ることになります。そして，その企業Ｌの負債（社債）10％部分が，現在３万円で売買されているのです。

　さて，この状況で，どうすれば苦労せずに今すぐお金儲けをすることができるでしょうか？　重要なポイントは次の点です。

　　「あなたが企業Ｕの株式10％部分を保有することで得られる毎年のキャッシュフロー・パターン（50％の確率で２万円，50％の確率で５千円）は，実は企業Ｌの株式10％部分と社債10％部分を保有することでも得られます。」

　念のため確認すると，企業Ｌの株式10％部分と社債10％部分から得られる

毎年のキャッシュ・フロー合計は，50％の確率で1.6＋0.4＝2万円，50％の確率で1,000＋4,000＝5,000円となりますから，企業Uの株式10％部分を保有した場合と全く同じキャッシュフロー・パターンとなるのです。企業U，Lは同じ事業を行っていますので，期待キャッシュ・フローはもちろんのこと，リスクも同じになっているはずです。

第7章で，金融商品というのは，保有者が将来○○％の確率で△△円，××％の確率で◇◇円を受け取れるチケットのようなものだと説明しましたが，実は企業Uの株式10％部分というチケットと企業Lの株式10％部分＋社債10％部分というチケットの組み合わせは，全く同じ内容のチケットになるのです。そして，これらのチケットの価格が現在どうなっているかといえば，企業Uの株式10％部分は10万円，企業Lの株式10％部分は6万円，企業Lの社債10％部分は3万円になっているのです。

さて，質問10－1の答ですが，次のような行動を取れば，苦労せずに今すぐお金儲けをすることができます。つまり，保有している企業Uの株式10％部分を10万円で売却し，企業Lの株式10％部分を6万円で買い，社債10％部分を3万円で買うのです。そうすれば，毎年得られるキャッシュフロー・パターンは全く同じでありながら，10万－（6万＋3万）＝1万円の利益を今すぐあげることができるのです。

このような現象は，企業Uの株式10％部分と企業Lの株式10％部分＋社債10％部分という，全く同じキャッシュフロー・パターンをもたらす金融商品に違う価格が付いていることから生じます[6]。このような状況で高い価格の商品（企業Uの株式10％部分）を売り，低い価格の商品（企業Lの株式10％部分＋社債10％部分）を買う行為は裁定取引といわれ，それによって得られる利益は

────────────

[6] 例えていうなら，企業Uの株式10％が「プロ野球日本シリーズ第一戦を見ることのできるチケット」で，企業Lの株式10％が「プロ野球日本シリーズ第一戦を5回まで見ることのできるチケット」，企業Lの負債（社債）10％が「プロ野球日本シリーズ第一戦を6回から最終回まで見ることのできるチケット」という状態になっているわけです。にもかかわらず，企業Uの株式10％の価格が企業Lの株式10％＋社債10％の価格より高ければ，誰もが前者を売って，後者を買おうとするはずです。

裁定利益と呼ばれます。

(2) 企業Uと企業Lの企業価値の関係

　さて，このような裁定取引が行われると，何が起きるでしょうか？　重要なことは，全ての合理的な投資家が裁定利益を目指して企業Uの株式を売り，企業Lの株式と社債を購入しようとするということです。このとき，企業Uの株価は下落し，企業Lの株価と社債価格は上昇することになります。したがって，一時的に質問10－1で示された価格が付いたとしても，すぐに価格が変わってしまい，安定しないはずです。

　ここで問題は，このような価格の動きがいったいいつまで続くのかということです。答えは簡単で，裁定利益がなくなるまでということになります。投資家は裁定利益を得るために裁定取引を行うわけですから，裁定利益を得るチャンスがなくなってしまえば裁定取引は行われなくなり，価格の動きは止まるはずです。では，いつ裁定利益がなくなるのでしょうか？　これについては，

　　裁定利益＝企業Uの株式10％部分の価格
　　　　　　　－（企業Lの株式10％部分の価格＋企業Lの社債10％部分の価格）

ですから，

　　企業Uの株式10％部分の価格
　　　　　　　＝企業Lの株式10％部分の価格＋企業Lの社債10％部分の価格

となれば，裁定取引が終わり，価格が安定するはずです。つまり，最終的には，企業Uの株価，企業Lの株価・社債価格の間に上の関係式が成立するはずなのです。そして，上の関係式の両辺を10倍すると次のようになります。

　　企業Uの総株式価値＝企業Lの総株式価値＋企業Lの総負債（社債）価値

　さらに，「企業価値＝総株式価値＋総負債価値」であり，企業Uには負債がないので「企業Uの総株式価値＝企業Uの企業価値」となることから，最終的には次の関係が成立することになります。

　企業Uの企業価値＝企業Lの企業価値

　つまり，企業価値は，全額自己資本企業である企業Uと負債を利用している企業Lとで，全く同じになるのです。

　この結論は，次のことを意味しています。資本構成はレバレッジ効果を通じて株主，債権者それぞれにもたらすリスクとリターンの特性を変えますが，そのことは企業価値に全く影響を与えません。つまり，ソフトバンク，JR東日本とトヨタ，DeNAを比較した時に，後者の方が自己資本比率が高いのですが，それだけの理由で企業価値が高くなったり，低くなったりすることはないのです。

(3) 必要な仮定

　ただし，企業Uと企業Lの企業価値が等しくなるという結論を提示するには，実はいくつかの仮定が必要です。まず，最初に述べたように，企業Uと企業Lでは，投資内容（ビジネス内容）が同じという前提が必要です。この仮定は，純粋に資本構成が企業価値に与える影響を考える上では，当然設定されるべき仮定なのですが，もし資本構成が違えば実行する投資（ビジネス）も違うという状況があるとすれば，上の結論は崩れてしまいます[7]。

　第二に，「資本構成は企業価値に影響を与えない」という結論は，仮に企業Uと企業Lの企業価値が違っていれば合理的な投資家が裁定取引を行い，それによって価格が調整されるというメカニズムによってもたらされています。しかしながら現実には，そのような裁定取引がスムーズに行われるか疑問です。例えば，株式を売り買いするのに手数料などの取引コストが必要な場合には，本来行われるべき裁定取引が行われない可能性があります。

　また企業Uと企業Lの企業価値が異なっている場合に，全ての投資家が裁定取引を行うという考え方は，全ての投資家が企業Uと企業Lの毎年のキャッシ

（7）この点については，第12章で説明します。ただしそれは，資本構成によって企業価値が変わるというよりは，投資によって企業価値が変わるというべきですが。

ュ・フローについて同じ予測をしている（情報の非対称性がない）ということを暗黙のうちに仮定していることになります。しかしながら，現実には，企業の将来キャッシュ・フローの予測は人によって異なると考えるのが自然かもしれません。

　第三に，【設例10－1】では，企業Lは失敗時でも5万円のキャッシュ・フローをあげるため，毎年の支払利息4万円は確実に返済できるという設定になっています。これは言い換えれば，企業が倒産する可能性を全く考えていないことになります。しかしながら，負債があまりに多い企業は倒産のリスクが高まってしまい，株価が低迷してしまうことが一般的です。逆にいえば，資本構成が企業価値に影響を与えないという結論は，企業が倒産しない程度に負債を利用する範囲における結論といえるかもしれません。

　最後に，【設例10－1】では，法人税の存在を考えていないことを指摘できます。企業がビジネスを行って利益をあげれば，その一定割合を法人税として国に支払う必要があるのですが，ここではその点について考えられていません。

　以上から，次の 基礎理論10－2 が成立します。

基礎理論10－2

　取引コスト，情報の非対称性，倒産の可能性および法人税がない世界では，同じ投資を行っていて資本構成だけが異なる企業Uと企業Lの企業価値は同じになる。つまり，資本構成は企業価値と無関連になる。これをMMの資本構成無関連命題という。

10.4　法人税が存在する場合の最適資本構成

前の節でMMの資本構成無関連命題を説明しましたが，読者の中には，こんなに仮定の多い理論から出る結論に意味はないと思う人もいるかもしれませ

ん。もちろん仮定が多いこと自体は，議論の焦点を絞る上で重要なことであり，ものごとを理論的に考える上では当然のことなのですが，MMの諸仮定の中には重要な現実的要因を無視している側面があることも否定できません。

　資本構成無関連命題が考慮していない重要な要因の一つに，法人税の存在があります。ここでは，法人税が存在する場合に，資本構成が企業価値にどのような影響を与えるかを説明したいと思います。次の【設例10－2】について考えてみましょう。

【設例10－2】

　必要資金100万円で毎年50％の確率で20万円（運の良い年），50％の確率で5万円（運の悪い年）のキャッシュ・フローを永久にもたらす投資プロジェクトがあり，企業U，Lがこれを実行しようとしている。企業Uは必要資金100万円を全額自己資本で調達する。企業Lは60万円を自己資本で調達し，40万円を負債で調達する。なお負債の金利は10％で，企業Lは毎年4万円を永久に返済していく。法人税率を50％とする。

　よく読んでもらえればわかると思いますが，この【設例10－2】は前に使った【設例10－1】とほとんど同じです。違うのは，今回は「法人税率を50％とする」という一文が入った点だけです。つまり，今までと同じ状況に法人税が加わった場合に，どのような変化が起きるのかを考えようということです。この問題について考えるために，次の質問について考えてみましょう。

質問10－2

　今あなたは，企業Uの株式の10％部分を持っている。企業Uの総株式価値が80万円（10％部分は8万円），企業Lの総株式価値が50万円（10％部分は5万円），総負債（社債）価値が30万円（10％部分は3万円）になっている。このとき，あなたはある行動をとることで，今すぐ利益を得ることができる。さて，どのように行動すればよいだろうか？

---

(1) 裁定取引と裁定利益

　前と同じように，企業Ｕと企業Ｌの株主・債権者が得る毎年のキャッシュフロー・パターンを考えてみましょう。ここで重要なことは，企業は毎年，税引き前利益の50％を法人税として国に支払うということです。

　まず，企業Ｕは毎年50％の確率で20万円（運の良い年），50％の確率で５万円（運の悪い年）のキャッシュ・フローを得ますが，企業Ｕには負債がなく，債権者への利子支払いがないので，これらのキャッシュ・フローはそのまま税引き前利益となります。

　したがって企業Ｕは50％の確率で10万円（20万×$\frac{50}{100}$＝10万），50％の確率で２万5,000円（５万×$\frac{50}{100}$＝2.5万）の法人税を支払うことになり，株主は50％の確率で10万円（運の良い年），50％の確率で２万5,000円（運の悪い年）のキャッシュ・フローを得ることになります（図表10－１参照）。そして，その企業Ｕの株式が，現在80万円で売買されています。

　次に，企業Ｌについて考えます。企業Ｌも毎年50％の確率で20万円（運の良い年），50％の確率で５万円（運の悪い年）のキャッシュ・フローを得ますが，企業Ｌは毎年債権者に４万円の利息を支払いますので，税引き前利益は50％の確率で16万円（運の良い年），50％の確率で１万円（運の悪い年）となります。

　企業Ｌはこの税引き前利益の50％を法人税として支払いますから，50％の

図表10－１　企業Ｕと企業Ｌの株主・債権者のキャッシュ・フロー

（単位：万円）

	企業Ｕ		企業Ｌ	
	運の良い年	運の悪い年	運の良い年	運の悪い年
a）投資からのキャッシュ・フロー	20	5	20	5
b）支払利息（債権者のキャッシュ・フロー）	0	0	4	4
c）税引き前利益（a－b）	20	5	16	1
d）法人税（c×50％）	10	2.5	8	0.5
e）株主のキャッシュ・フロー（c－d）	10	2.5	8	0.5

（注）両企業とも投資資産が永久にキャッシュ・フローを生み出すため，減価償却費は計上する必要がない。

確率で8万円，50％の確率で5,000円の法人税を支払います。その結果，企業Lの株主は50％の確率で8万円（運の良い年），50％の確率で5,000円（運の悪い年）のキャッシュ・フローを得ることになります（図表10－1参照）。そして，その企業Lの株式が，現在50万円で売買されているのです。

最後に，いうまでもありませんが，企業Lの負債（社債）を保有している債権者は，毎年4万円のキャッシュ・フローを得ます。そしてその負債（社債）が，現在30万円で売買されているのです。

さて，どうすれば，苦労せずに今すぐ利益を得ることができるでしょうか？重要なポイントは次の点です。

「あなたが企業Uの株式10％部分を保有することで得られる毎年のキャッシュフロー・パターン（50％の確率で1万円，50％の確率で2,500円）は，実は企業Lの株式10％部分と社債5％部分を保有することによっても得られます。」

この点について確認してみましょう。企業Lの株式10％部分を保有することで得られる毎年のキャッシュフロー・パターンは，50％の確率で8千円（運の良い年），50％の確率で500円（運の悪い年）になります。一方，企業Lの負債（社債）5％部分を保有することから得られるキャッシュ・フローは確実に2千円ですから，両者を合計すると，50％の確率で1万円，50％の確率で2,500円となり，企業Uの株式10％部分を保有するのと全く同じキャッシュフロー・パターンが得られることになります（リスクも同じです）。

そしてこれらの証券の価格がどうなっているかというと，企業Uの株式10％部分は8万円，企業Lの株式10％部分は5万円，企業Lの社債5％部分は1万5,000円（3万×$\frac{1}{2}$＝1.5万）になっているのです。

さて，質問10－2の答ですが，次のような行動を取れば，苦労せずに今すぐ利益を得ることができます。つまり，保有している企業Uの株10％部分を8万円で売却し，企業Lの株式10％部分を5万円で買い，社債5％部分を1万5,000円で買うのです。そうすれば，毎年得られるキャッシュフロー・パターンは全く同じでありながら，8万－（5万＋1.5万）＝1万5,000円の利益を今

すぐあげることができるのです。

　このような現象は，前と同じように，企業Uの株式10％部分と企業Lの株式10％部分＋社債５％部分という，全く同じキャッシュフロー・パターンをもたらす金融商品に違う価格が付いていることから生じます。このような状況では，高い価格の商品（企業Uの株式10％部分）を売り，低い価格の商品（企業Lの株式10％部分＋社債５％部分）を買う裁定取引が行われ，投資家はそれによって裁定利益を得ることができるのです。

⑵　企業Uと企業Lの企業価値の関係

　先に説明したように，このような裁定取引が行われると，企業Uの株式，企業Lの株式，社債の価格が変化していくはずです。具体的には，全ての合理的な投資家が企業Uの株式を売り，企業Lの株式と社債を購入しようとしますので，企業Uの株価は下落し，企業Lの株価と社債価格は上昇することになります。したがって，一時的に質問10－２のような価格が付くことがあっても，すぐに価格が変わってしまい，安定しないはずです。

　では，このような価格の動きはいつまで続くのでしょうか。答えは簡単で，裁定利益がなくなるまでです。投資家は裁定利益を得るために裁定取引を行うわけですから，裁定利益を得るチャンスがなくなってしまえば裁定取引は行われなくなり，価格の動きは止まるはずです。では，いつ裁定利益がなくなるのでしょうか？　これについては，

　　裁定利益＝企業Uの株式10％部分の価格
　　　　　　　－（企業Lの株式10％部分の価格＋企業Lの社債５％部分の価格）

ですから，

　　企業Uの株式10％部分の価格
　　　　　＝企業Lの株式10％部分の価格＋企業Lの社債５％部分の価格

となれば，裁定取引が終わり，価格が安定するはずです。つまり，最終的には，企業Uの株価，企業Lの株価，社債価格の間に上の関係式が成立するはずです。

そして，上の関係式の両辺を10倍すると，次のようになります。

企業Uの総株式価値＝企業Lの総株式価値＋$\frac{1}{2}$企業Lの総負債（社債）価値

「企業Uの総株式価値＝企業Uの企業価値」，「企業Lの企業価値＝企業Lの総株式価値＋企業Lの総負債価値」ですから，最終的には次の関係が成立することになります。

企業Uの企業価値＝企業Lの総株式価値＋$\frac{1}{2}$企業Lの総負債（社債）価値

$\qquad\qquad$＝企業Lの企業価値－$\frac{1}{2}$企業Lの総負債（社債）価値

$\qquad\qquad$＜企業Lの企業価値

つまり，法人税が存在する場合には，企業価値は，負債を利用している企業Lの方が高くなるのです。

なぜこのような結論になるかといえば，負債を利用している企業Lは全額自己資本の企業Uに比べて，法人税の支払額が低くなるため（負債の節税効果），その分，投資が生み出すキャッシュ・フローのうち株主・債権者に配分できる部分が大きくなるからです。証券市場は，そのような資本提供者にとって有利な特性を価格に反映しますので，企業Uより企業Lを高く評価するのです。

法人税が存在する場合の資本構成について，一般的には次の 基礎理論10－3 が成立することが知られています。

基礎理論10－3

取引コスト，情報の非対称性，倒産の可能性がない世界では，同じ投資を行っていて資本構成だけが異なる企業Uと企業Lの企業価値の間には，次の関係が成立する。

企業Uの企業価値＝企業Lの総株式価値
$\qquad\qquad$＋（1－法人税率）×企業Lの総負債価値

このとき，負債を多く利用している企業ほど節税効果によって企業価値が高くなる。これをMMの修正命題という。

10. 5　倒産コスト

　MMの修正命題は，当初の資本構成無関連命題（基礎理論10-3）に比べて，法人税の存在を分析に取り入れていますので，現実に一歩近づいた理論だといえます。しかしながら，「負債を使えば使うほどよい」という結論に納得できる読者はそれほど多くないのではないでしょうか。

　MMの修正命題が理論的には問題がない一方で，その結論が説得力に欠ける一つの理由は，企業の倒産の可能性をゼロと仮定していることだと思われます。一般に，負債を利用すればするほど企業が倒産に陥る可能性は高くなります。もちろん，仮に企業が倒産しても，コストなしで瞬時に倒産処理が行われ，そのまま同じようにビジネスが継続されるのであれば，負債を多く利用しても問題ないといえます。しかし現実には，企業が倒産に陥れば，倒産コストと呼ばれるさまざまなコストが生じることが知られています。

　倒産コストの例としては，まず倒産手続きのために裁判所，弁護士などに支払う費用をあげることができます。この種のコストは直接的倒産コストと呼ばれ，企業が支払うことになりますので，その分，資本提供者に配分されるキャッシュ・フローが少なくなってしまいます。

　第二に，企業が倒産すると，イメージ・ダウンによって売上が低下し，さらに取引先が現金取引以外での取引に応じなくなることによって，商品や原材料の仕入れが難しくなる結果，倒産以前と同じようにビジネスを行うことが困難になってしまいます。これらの結果，企業のキャッシュ・フローが倒産前と比べて大幅に低下することが一般的です。この種の倒産コストは間接的倒産コストと呼ばれています。

　これらの倒産コストが発生すると，その分，資本提供者に配分されるキャッシュ・フローが少なくなりますから，必然的に証券価格は低下します。また，実際に倒産に陥る前でも，例えば証券市場で「A社は30％の確率で倒産しそうだ。倒産すれば，イメージ・ダウンによる売上低下など1,000億円の倒産コス

トが生じるだろう」と予測されていれば，A社の資本提供者に配分される期待キャッシュ・フローが300億円（$\frac{30}{100}$×1,000億円＝300億円）だけ低下し，その分，証券価格が低下しますので，必然的に企業価値が低下することになります。このように，負債を利用している企業の場合，期待倒産コスト（倒産確率×倒産コスト）分だけ企業価値が低下すると考えられます。

10.6　トレード・オフ・モデル

この倒産コストと，前に説明した負債の節税効果を組み合わせることによって，最適資本構成についての一つの有力な理論を作ることができます。

基礎理論10－4

取引コスト，情報の非対称性がない世界では，同じ投資を実行する企業の資本構成と企業価値の関係は図表10－2のようになる。つまり，負債比率（負債／自己資本）が比較的低い範囲では，負債比率が上がるほど節税効果によって企業価値が上昇するが，負債比率が相対的に高い範囲では，負債比率が高くなるほど期待倒産コストの上昇によって企業価値が低下する。この結果，最適資本構成は，負債利用による節税効果と倒産コストのトレード・オフによって決定される。

このような考え方は，節税効果と倒産コストのトレード・オフ・モデルと呼ばれています。負債比率が相対的に低い範囲では，負債比率が上昇しても倒産確率はそれほど上がらず，したがって期待倒産コストもそれほど増えませんので，負債比率を上げるほど節税効果というプラス要因が倒産コストというマイナス要因を上回り，企業価値が上昇していきます。

これに対して，負債比率が比較的高い範囲になると，負債比率が上がるにつれて倒産確率がかなり高まっていき，期待倒産コストがかなり上昇する結果，負債利用によるマイナス要因が節税効果というプラス要因を上回るようになり

図表10－2　最適資本構成のトレード・オフ・モデル

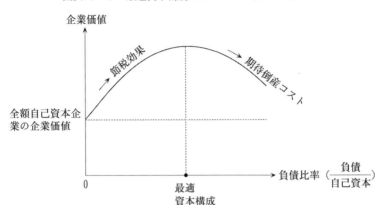

ます。このため，負債比率が相対的に高い範囲では，負債比率を上げるほど企業価値が低下していくのです。

【演習問題】————————————————————

10－1　【設例10－1】の企業Ｕと企業Ｌを考えます。今あなたは，企業Ｕの株式の10％部分を持っています。企業Ｕの総株式価値が90万円（10％部分は9万円），企業Ｌの総株式価値が60万円（10％部分は6万円），総負債（社債）価値が30万円（10％部分は3万円）になっているとします。なお，法人税率を35％とします。次の問いに答えなさい。

(1)　どのような裁定取引を行えば裁定利益を得られるか説明しなさい。

(2)　上の問題で，裁定利益の金額はいくらになるか答えなさい。

(3)　最終的には，企業Ｕと企業Ｌの企業価値の関係はどうなるか答えなさい。

第11章
配当政策の基礎理論

　これまで，投資決定，最適資本構成について，基礎的な理論を説明してきました。この章では，もう一つの財務的意思決定である配当政策について説明することにします。

　第5章で説明したように，企業があげるキャッシュ・フローから債権者への支払いを差し引いた残余は株主のものですから，企業は毎年その全額を株主に配当として支払ってもよいのですが，現実には，その後の投資資金を確保するために，一部を内部留保することが一般的です。

　株主のキャッシュ・フロー（利益）のうち内部留保せずに実際に株主に還元した部分のことを配当と呼びますが，企業は毎年の利益のうち何パーセントを配当として株主に還元し，何パーセントを内部留保するのが最適なのでしょうか？　第5章の図表5－2に示されているように，2018年度（2019年3月期）のソフトバンクとDeNAの配当政策を比較すると，ソフトバンクの配当性向が低く，DeNAの配当性向は高くなっていますが，両者の投資内容や資本構成の違いは抜きにして，ソフトバンクとDeNAのどちらの配当政策が株主にとって有利なのでしょうか？　この章では，このような最適配当政策の問題について考えることにします。

11．1　MMの配当政策無関連命題（1）：簡単な説明

（1）状況設定
　配当が株主の富に与える影響について考えるために，次の【設例11－1】

について考えてみましょう。

【設例11－1】

　Iさんは，自宅の近所に居酒屋（株式会社）を開いた。創業時の必要資金は200万円で，全額Iさんが出資した。この200万円で，テーブルや皿，グラスなどの資産を購入したが，これらの資産は永久に使えるため，減価償却費は計上する必要がない。1年目が終了した時点で，居酒屋は10万円のキャッシュ・フローを得た。2年目の最初に，テーブル，グラス，皿を10万円分増設することにした。2年目の増産投資に必要な資金は，内部留保か銀行借入のどちらかで調達する。安全利子率は10％で，銀行借入を行った場合，居酒屋は2年目以降毎年，借入額×10％の利息を永久に支払うことになる。この居酒屋は，テーブル，コンロの増設によって2年目以降毎年，50％の確率で40万円（運の良い年），50％の確率で20万円（運の悪い年）のキャッシュ・フローをあげると予想されている。2年目以降の利益は全て年末に配当される。

　ここで考えたいのは，【設例11－1】の居酒屋が1年目の終わりにいくらの配当を株主（Iさん）に配当するのが一番よいかということです。居酒屋の配当可能な利益は10万円ですが，2年目に10万円の増産投資（テーブル，コンロの増設）を行う予定ですから，例えば5万円の配当を支払えば，5万円を銀行借入で調達しなければなりません。逆に無配にすれば，銀行借入をせずに増産投資資金を調達することができます。

(2) 1年目に配当ゼロとした場合

　まず，1年目に無配にした場合を考えましょう。この場合，銀行借入を行う必要がありませんから，2年目以降のキャッシュ・フローは全て株主であるIさんのものになります。したがって，2年目以降毎年Iさんは，50％の確率で40万円，50％の確率で20万円の配当を得ることになります。

(3) 1年目に配当を5万円支払うとどうなるか？

　では，1年目の終わりに5万円を株主Ｉさんに配当として支払い，5万円を銀行借入で調達した場合はどうなるでしょうか？

　この場合，債権者（銀行）という新しい資本提供者が登場することになります。それまで，居酒屋の資本提供者はＩさんだけだったわけですが，1年目の終わりに配当を支払うことで銀行借入を行えば新しい資本提供者が登場し，この新しい資本提供者も2年目以降の居酒屋のキャッシュ・フローを受け取る権利を持つことになります。その結果，先ほどの配当ゼロのケースと異なり，Ｉさんは2年目以降のキャッシュ・フロー全額は受け取れないことになるのです。

　具体的にいえば，1年目の終わりに5万円銀行から借りますので，2年目以降毎年，5,000円の利子を支払うことになります（50,000×0.1＝5,000）。その結果，株主であるＩさんが2年目以降受け取る配当は50％の確率で39万5,000円，50％の確率で19万5,000円ということになります。注意して欲しいのは，1年目に配当を5万円支払った場合，無配のケースに比べて，2年目以降の配当が確実に5,000円ずつ減るということです。

(4) 無配と配当5万円：Ｉさんはどちらが有利？

　では，株主であるＩさんにとっては，どちらが有利なのでしょうか？　1年目に株主Ｉさんが配当を5万円受け取った場合，2年目以降永久に5,000円ずつ配当が減ってしまうわけですが，この年5,000円という配当減少は，1年目末の価値でみていくらの損失になるでしょうか？　これは，次のように計算されます。

$$\frac{5,000}{(1+0.1)}+\frac{5,000}{(1+0.1)^2}+\frac{5,000}{(1+0.1)^3}+\cdots$$
$$=\frac{5,000}{0.1}$$
$$=50,000$$

　この計算結果は，次のことを意味しています。つまり，1年目に配当を50,000円支払った場合，2年目以降の配当が減少してしまうのですが，それを1年目末の価値で表現すると，ちょうど50,000円になるのです（図表11−1参照）。

　つまり，株主であるIさんが1年目に配当を50,000円受け取れば，配当を全く受け取らなかった場合に比べて，将来の配当が1年目末の価値で50,000円分減るということです。ということは，1年目に配当を50,000円受け取っても，全く受け取らなくても，株主であるIさんにとっては全く変わらないことになります。

図表11−1　配当ゼロと配当5万円の比較1
—— 投資資金を銀行借入で調達するケース ——

Iさんのキャッシュ・フロー

	1年目	2年目	3年目	4年目	5年目 ……
1年目に無配の場合	0	40 or 20	40 or 20	40 or 20	40 or 20 ……
1年目に配当5万円の場合	5	39.5 or 19.5	39.5 or 19.5	39.5 or 19.5	39.5 or 19.5 ……
差	−5	0.5	0.5	0.5	0.5 ……

5 ◀ 1年目における価値を計算

（注）単位：万円

(5) 違う角度からの説明

　株主Iさんが1年目に配当を5万円受け取った場合，将来の配当が毎年5,000円ずつ減少するわけですが，読者の中には，「5,000円の配当減少の1年目末の価値を出せば，Iさんにとって配当を5万円受け取るのと，全く受け取らないのとどちらが有利かわかる」という発想がよく理解できない人もいるかもしれません。

　そのような場合には，次のように考えるとよいかもしれません。1年目にIさんが配当50,000円を受け取った場合，2年目以降の配当は5,000円ずつ減少

しますが，Ｉさんはその代わりに再投資可能なキャッシュ50,000円を手に入れることになります。

　この50,000円を銀行預金に永久に預けておくとどうなるでしょうか？　安全利子率は10％ですから，Ｉさんは２年目以降毎年，5,000円の利子を永久に受け取ることになります。そうすると，Ｉさんが２年目以降受け取る配当に再投資による利子を加えると，50％の確率で20万円（19.5万＋0.5万＝20万），50％の確率で40万円（39.5万＋0.5万＝40万）となり，１年目に配当を全く受け取らないケースと全く同じになります（図表11－２）。

図表11－２　配当ゼロと配当５万円の比較２
── 投資資金を銀行借入で調達するケース ──

Ｉさんのキャッシュ・フロー

	1年目	2年目	3年目	4年目	5年目 …
1年目に無配の場合	0	40 or 20	40 or 20	40 or 20	40 or 20 …
1年目に配当5万円の場合	5	39.5 or 19.5	39.5 or 19.5	39.5 or 19.5	39.5 or 19.5 …
再投資によるキャッシュ・フロー		0.5	0.5	0.5	0.5 …
1年目に配当5万円の場合の キャッシュ・フロー合計		40 or 20	40 or 20	40 or 20	40 or 20 …

　　（注）単位：万円

　このように考えれば，１年目に配当を受け取っても，受け取らなくても，株主であるＩさんにとっては全く同じであるというのが理解できるのではないでしょうか。

(6) 配当と株価の関係

　話を元の説明にもどしましょう。居酒屋が１年目に配当を５万円支払った場合，株主であるＩさんが受け取る将来配当が毎年５千円ずつ減少し，その１年目末における価値が５万円になるので，Ｉさんにとっては，１年目に配当を５

万円もらうのと，全く配当を受け取らないのは同じということでした。

　ここで読者の皆さんに思い出して欲しいのは，第７章で説明した，株価が配当の現在価値になるという公式です。この公式からすると，居酒屋が１年目に配当を５万円払った場合，その時点の価値で５万円分将来配当が減るわけですから，必然的に株価が５万円下がることになります。

　つまり，居酒屋が配当を支払えば，株価がその分低下するのです。株主にとっては配当だけでなく，株価も重要な収益源ですから，配当が払われた分株価が下がるのでは，全く意味がないということになります。この理由のために，配当を支払っても支払わなくても，株主にとっては同じことになるのです。

11．2　MMの配当政策無関連命題（2）：資本構成変化の影響を排除した説明

(1) 状況設定の変更

　前の節で配当政策が株主の富に影響を与えないことを説明しましたが，実はこの説明には重大な欠陥があります。それは，１年目に配当５万円を支払った場合には，２年目の増産投資資金として５万円を銀行から借りると想定していることです。このため，居酒屋は１年目の時点では全額自己資本の企業ですが，１年目に配当を払うと負債利用企業となり，資本構成が変わってしまうという問題が生じているのです。これでは，純粋に配当政策が株主の富に与える影響を分析したことにはなりません。具体的にいえば，ここではソフトバンクとDeNAの配当政策のどちらが有利かを考えているのですが，そのためには，ソフトバンクとDeNAの資本構成が同じであった場合にどちらが有利かを分析する必要があるのです。

　前の節の説明は，配当政策の問題について，そのエッセンスを直観的に理解する上ではわかりやすいのですが，得られた結論が配当政策によって生じているのか，資本構成の変化によって生じているのか識別できないという重大な問題があり，学術的にはあまり意味がありません。

　そこで，次の【設例11−2】について考えてみましょう。

---【設例11−2】--

　Ｉさんは，自宅の近所に居酒屋（株式会社）を開いた。必要資金は200万円で，テーブル，皿，コンロなどを購入する。これらの資産は永久に使えるため，減価償却費を計上する必要はない。Ｉさんは必要資金200万円を自分で出資しており，居酒屋の株式を400株保有している。1年目が終了した時点で，居酒屋は10万円のキャッシュ・フローを得た。2年目の最初に，テーブル，コンロを10万円分増設することにした。2年目の増産投資に必要な資金は，内部留保か新株発行のどちらかで調達する。安全利子率は10％とする。この居酒屋は，テーブル，コンロの増設によって2年目以降毎年，50％の確率で40万円，50％の確率で20万円のキャッシュ・フローをあげると予想されている。2年目以降の利益は全て，株主に配当される。

　【設例11−2】が【設例11−1】と違うのは，1年目に居酒屋が配当5万円を支払った場合，投資に必要な残りの5万円を新株発行で調達するという点だけです。前の【設例11−1】では，この5万円が銀行借入で調達されると想定されていました。このように，新株発行を利用すると想定すれば，居酒屋は2年目以降も全額自己資本企業となるため，資本構成の変更による影響を排除することができます。

　では，①居酒屋が1年目に無配にした場合と②居酒屋が1年目にＩさんに配当5万円を支払った場合で，Ｉさんの富が変わるかどうかを考えましょう。

　まず，居酒屋が1年目に無配にした場合は，前の節と同じで，株主であるＩさんは，2年目以降毎年，50％の確率で40万円，50％の確率で20万円の配当を受け取ることになります。

　では，居酒屋が1年目に5万円の配当を株主であるＩさんに払った場合はどうなるでしょうか？　この場合，居酒屋は，2年目の増産投資を実行するために，5万円を新株発行で調達しなければなりません。この時，株主Ｉさんにと

っては，新株発行が行われた結果2年目以降の配当が減少するようだと，トータルでは何も変わらないかもしれません。

(2) 新株発行の条件

　ここで考えなければならないのは，居酒屋が2年目の最初に新株発行で5万円を調達した場合，株主Ⅰさんの持株比率が何パーセントになるかということです。

　なぜそのようなことを考えなければいけないかというと，5万円の調達のために新株発行が行われると，新しい株主が登場し，元からの株主であるⅠさんの持株比率は下がってしまいます。このことは，元からの株主であるⅠさんは，2年目以降は居酒屋の利益全額（50％の確率で40万円，50％の確率で20万円。期待利益30万円）を配当として受け取ることができなくなり，その一部（持株比率分）しか受け取れないことを意味します。当然，持株比率が下がるほど，2年目以降のⅠさんの配当は減ってしまいますから，居酒屋が新株発行によって5万円を調達する結果，Ⅰさんの持株比率が何パーセントになるのかは非常に重要な問題なわけです。

　ここで，居酒屋が新株発行を行った後のⅠさんの持株比率をS_I（$0<S_I<1$）としましょう。逆に言えば，新株発行によって新規に株主になる人たちの持株比率は，合計で$1-S_I$とします。

　ここでは，S_Iの値を知りたいわけですが，この問題は次のように考えることができます。

　　「新株を購入する新しい株主の持株比率は，彼らが将来受け取る配当の現在価値と彼らが払う金額（居酒屋が調達する5万円）が等しくなるように決定される。」

　第7章で説明したように，株式の理論価格はその株式を保有することで得られる配当の現在価値に等しくなります。ということは，仮に新しい株主が将来

受け取る配当の現在価値（＝新しい株主が受け取る株式の理論価額）が彼らが払う５万円より小さければ，誰もそのような株を買おうとしないでしょう。逆に，新しい株主が将来受け取る配当の現在価値（＝新しい株主が得る株式の理論価額）が，彼らが払う５万円より大きければ，誰もがその株を買おうとします。この結果，新規に発行される株式の価額は上がっていき，最終的には，両者が一致する条件で新株が発行されると考えられるのです[1]。

　以上から，新株発行後の新規株主の持株比率は次の関係を満たすことになります。なお以下では，配当のリスクに対するリスク・プレミアムを２％としておきましょう。

$$(1-S_I) \times \left[\frac{300,000}{1+0.1+0.02} + \frac{300,000}{(1+0.1+0.02)^2} + \frac{300,000}{(1+0.1+0.02)^3} + \cdots \right]$$

$$= (1-S_I) \times \frac{300,000}{0.1+0.02}$$

$$= (1-S_I) \times 2,500,000$$

$$= 50,000$$

$$(1-S_I) = 0.02$$

　以上より，居酒屋が１年目の終わりに新株発行を行って５万円を調達した場合，新しい株主の持株比率は２％となり，元々の株主であるＩさんの持株比率は100％から98％に低下することになります。

(3) 無配と配当５万円：株主Ｉさんはどちらが有利か？

　前の項で説明したように，１年目に配当５万円を株主Ｉさんに支払った場合，２年目の居酒屋は新株発行を行って５万円を調達する必要が生じ，その結果，Ｉさんの持株比率は100％から98％に低下します。

---

[1] 言い換えれば，新株の時価発行で５万円を調達すると想定していることになります。時価発行の場合，当然，企業の新規調達額は発行される新株の株価総額に等しくなります。ここでは，新規調達額が５万円と決まっているわけですから，新しい株主が受け取る株式の時価総額が５万円になるような条件で新株が発行されるということです。

　このことは，株主Ⅰさんが２年目以降に受け取る配当が減ることを意味して
います。具体的に考えると，居酒屋は２年目以降，毎年50％の確率で40万円，
50％の確率で20万円のキャッシュ・フローを株主にあげますから，Ⅰさんは，
それらの98％を配当として受け取ることになります。つまり，２年目以降は
50％の確率で39万2,000円，50％の確率で19万6,000円の配当を受け取るので
す。逆にいえば，１年目に無配だった場合に比べて株主Ⅰさんの毎年の配当は，
50％の確率で8,000円，50％の確率で4,000円減ることになるのです（期待値
6,000円の配当減少）。

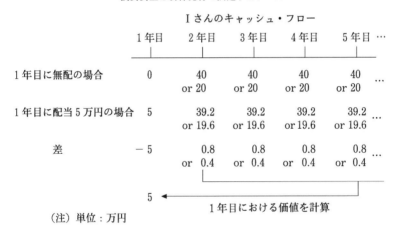

図表11－3　配当ゼロと配当５万円の比較３
—— 投資資金を新株発行で調達するケース ——

（注）単位：万円

　では，この２年目以降の配当の減少は，１年目末の価値にすると，いくらの
金額になるのでしょうか。これは，次の式で計算することができます。

$$\frac{6,000}{(1+0.1+0.02)}+\frac{6,000}{(1+0.1+0.02)^2}+\frac{6,000}{(1+0.1+0.02)^3}+\cdots$$
$$=\frac{6,000}{0.1+0.02}$$
$$=50,000$$

　つまり，１年目に配当５万円を払ったことによる２年目以降の配当減少は，１年目末における価値で，ちょうど５万円になるのです。このことは，１年目に配当を５万円払っても，無配にしても，元々の株主であるＩさんにとっては，全く同じであることを意味しています（図表11－３参照）。

(4) 違う角度からの説明

　同じ結論は，次のように考えることでも導くことができます。１年目に居酒屋が無配にした一方で，Ｉさんはどうしても５万円の現金が欲しいと考えたとしましょう。このときＩさんは，手持ちの居酒屋株を一部売却することで，５万円を手に入れることができます。

　ではＩさんは，自分の保有する居酒屋株のうち何パーセントを売れば５万円を手に入れることができるでしょうか？　この居酒屋の２年目以降の期待キャッシュ・フローは30万円ですから，１年目の終わりにおける株価総額は250万円になります（$\frac{300,000}{0.1+0.02}=2,500,000$）。したがってＩさんは１年目の終わりに５万円を手に入れるには，自らが保有する居酒屋株の２％を売却すればよいことになります（$\frac{50,000}{2,500,000}=2\%$）。

　このように，居酒屋が１年目の終わりに無配にしても，Ｉさんは手持ちの居酒屋株の２％を株式市場で売却することで，配当の代わりに５万円の現金を手に入れることができます。そしてこの場合，Ｉさんの持株比率は98％に低下しますので，２年目以降Ｉさんが受け取れる配当は50％の確率で39万2,000円（$400,000\times\frac{98}{100}=392,000$），50％の確率で19万6,000円（$200,000\times\frac{98}{100}=196,000$）となり，１年目に居酒屋が配当を５万円支払った場合と全く同じになります（図表11－３参照）。

　なお，Ｉさんが１年目に自らの居酒屋株の２％部分を売却して得た５万円は，株主が自ら作り出した配当のようなものですから，自家製配当と呼ばれています。

(5) 配当と株価の関係

　前の節の最後に，居酒屋が１年目の最後に配当を５万円支払い，２年目の最初に投資に必要な５万円を銀行借入で調達した場合には，５万円分株価が低下すると説明しました。では，２年目の最初に投資資金５万円を新株発行で調達した場合には，１年目の最後の株価はどのようになるのでしょうか。

　この点について考えるために，配当を支払わなかった場合と配当を５万円支払った場合について，Ｉさん保有株式の価額を計算してみましょう。まず，配当を支払わなかった場合は，Ｉさんの持株比率は100％のままですから，２年目以降毎年，期待値30万円の配当が永久に得られます。したがって，Ｉさん保有株式の価額は次のように計算されます。

$$\frac{300{,}000}{(1+0.1+0.02)} + \frac{300{,}000}{(1+0.1+0.02)^2} + \frac{300{,}000}{(1+0.1+0.02)^3} + \cdots$$

$$= \frac{300{,}000}{1.12}$$

$$= 2{,}500{,}000$$

　次に，居酒屋が１年目に配当を５万円支払い，新株発行で５万円調達した場合，Ｉさんの持株比率は98％に低下し，２年目以降の期待配当は29万4,000円になります（$\frac{50}{100} \times 39.2 + \frac{50}{100} \times 19.6 = 29.4$万円）。したがって，この場合Ｉさんの保有株式の価額は次のように計算されます。

$$\frac{294{,}000}{(1+0.1+0.02)} + \frac{294{,}000}{(1+0.1+0.02)^2} + \frac{294{,}000}{(1+0.1+0.02)^3} + \cdots$$

$$= \frac{294{,}000}{1.12}$$

$$= 2{,}450{,}000$$

　計算結果から，１年目の最後に配当を５万円支払った場合，Ｉさんの保有株式の価額は245万円となり，１年目に無配にした場合に比べて，５万円低くなります。このことからも，１年目に配当を払っても払わなくても，元々の株主であるＩさんにとっては，なんら変わりないということがわかります。以上の

説明から，基礎理論11－1 が導かれます。

基礎理論11－1

　資本市場が完全で，税制が存在せず，企業の投資が一定であれば，配当
政策は株主の富に影響を与えない。これを，MMの配当政策無関連命題と
いう。

11．3　配当政策に関する現実問題：税制と顧客効果

　これまで，企業の配当政策は株主の富に全く影響を与えないことを説明して
きました。しかしながらこれらは，税制が存在しないことを前提にした結論に
なっています。第10章の最適資本構成の理論と同様に，現実にはさまざまな
税制が存在しますから，税制を考慮しない理論は非現実であるという批判を浴
びることになります。

　最適配当政策について考える際に考慮する必要のある税は，株主が受け取る
配当あるいはキャピタル・ゲイン（株式売却益）に対してかかる税になります。
一般に株主が株式投資から得るリターンは配当とキャピタル・ゲインの２種類
があるわけですが，これまで説明してきたように，企業が配当を支払えばその
分株価が下がりますので，株主が株式を売却した場合に得るキャピタル・ゲイ
ンは減少します。つまり株主からみた場合，企業が配当を払うかどうかの違い
は，株式投資に対するリターンを配当の形で受け取るかキャピタル・ゲインの
形で受け取るかの違いになるのです。

　そのように考えると，株主が配当に対して支払う税率とキャピタル・ゲイン
に対して支払う税率が異なれば，株主にとって望ましい配当政策が存在するこ
とになります。言うまでもなく，配当に対する税率の方がキャピタル・ゲイン
に対する税率よりも高ければ，企業は全く配当を払わずに，株価を高くしてお
くことが望ましいですし，逆であれば，企業は利益の100％を配当として支払
うのがよいことになります。

図表11－4　日本の配当・キャピタル・ゲイン課税の概略

［個人投資家］
上場会社配当金・公募株式投資信託の分配金
　＜2014年1月1日～2037年12月31日＞
　20.315％の源泉徴収（申告不要）または申告分離
　＜2038年1月1日～＞
　20％の源泉徴収（申告不要）または申告分離
　(注)総合課税の選択可。持株比率3％以上の株式は総合課税
上場株式等譲渡益（キャピタル・ゲイン）
　＜2014年1月1日～2037年12月31日＞
　20.315％申告分離
　＜2038年1月1日～＞
　20％申告分離

［法人投資家］
　株式配当金：50％益金不算入
　株式譲渡益（キャピタル・ゲイン）：課税（譲渡損は損金算入）

（出所）日本取引所グループHPより作成。

　図表11－4は，日本の配当・キャピタル・ゲイン税率をまとめたものです。これをみると，日本の個人株主については，配当の税率とキャピタル・ゲインの税率がほぼ同じになっており，配当の大小は無関連になります。一方，法人株主については，配当に対する税率の方がキャピタル・ゲインに対する税率よりも低くなっていますので，できるだけ多く配当を支払う方が有利ということになります。

　このように，税制は最適配当政策に影響を与えますが，個人株主と法人株主で税制が異なっているため，利益の何パーセントを配当するのがよいのか明確な解答を出すのは難しいといえます。

　また，税制以外に最適配当政策に影響を与える要素として，株主によって，配当を好むかキャピタル・ゲインを好むかが違うことを指摘できます。これは顧客効果と呼ばれます。先に説明した，税制上，個人株主はキャピタル・ゲインを好むというのも顧客効果の一種ですし，高齢者は貯蓄するよりも今すぐお

カネを使いたいので配当を好むとか，若年層は今すぐおカネを使うより将来に備えたいのでキャピタル・ゲインを好むといった顧客効果も考えられます。もっともこの顧客効果についても，株主によって好みが異なりますので，利益の何パーセントを配当するのがよいのか明確な解答を出すのは難しいといえます。

第12章

資本構成，配当政策の応用理論

12.1 資本構成，配当政策の応用理論の特徴

　第10章と11章では，最適資本構成と配当政策について，MM理論を中心に説明しました。これらの理論は，「同じ投資をやっていて，資本構成（配当政策）だけが違った場合，企業価値はどう変わるか」という問題を考えました。またその際，全ての投資家が同じ情報を持っているという仮定の下で理論が展開されていました。

　もう少し具体的にいいましょう。第10章では，証券市場で自己資本比率の低いソフトバンクやJR東日本と自己資本比率の高いトヨタやDeNAのどちらが高く評価されるかといった問題を考えたのですが，その際，これらの会社の投資や商品構成の違いは抜きにして，純粋に資本構成の違いだけで評価に違いが生じるかを考えました。さらにその際，これらの会社の投資が生み出すキャッシュフロー・パターンは，全ての人が同じように知っていると想定して，議論を進めたのです。また第11章では，配当性向の低いソフトバンクと配当性向の高いDeNAのどちらが株主にとって有利かといった問題を考えたわけですが，その際，両社の投資や商品構成の違いは抜きにして，純粋に配当性向の違いだけで株主の富に差が出るかを考えました。またその際も，両社のキャッシュフロー・パターンは，全ての人が同じように知っていると想定して，議論を進めたのです。

　これらは，純粋に資本構成，配当政策が企業価値や株主の富に与える影響を

考える上では，必要な想定だといえます。

　しかしながら現実には，企業の資本構成や配当政策が変われば，企業の投資（ビジネスや商品構成）が変わるかもしれません。あるいは，経営者がどれだけ熱心に働くかも，企業の資本構成に影響を受けるかもしれません。もしそのようなことがあれば，資本構成が企業の投資や経営者の熱心さに影響を与え，その結果，企業価値に影響を与える可能性があります。

　さらに，投資家が企業のキャッシュ・フローを正確に予測できないとしましょう。この時，投資家は，企業が将来生み出すキャッシュ・フローを予測する上で，経営者の財務政策（資本構成，配当政策）を参考にするかもしれません。仮にそうであれば，経営者がとる財務政策によって投資家の予測が変わり，株価や企業価値が変わる可能性があるでしょう。

　この章では，上で説明した考え方に従って，企業の最適資本構成，配当政策を考えてみたいと思います。またその上で，日本企業の実際の資本構成，配当政策の特徴・変化を説明したいと思います。

12.2　資本構成のエージェンシー理論

(1)　株主・経営者間のエージェンシー問題

　第10章では，最適資本構成を考えるにあたって，全く同じ投資を行っていて，全く同じキャッシュ・フローを生み出す一方で，資本構成だけが異なる企業Uと企業Lを考えました。

　しかしながら，企業の資本構成が変われば，経営者の行動が変わり，企業が生み出すキャッシュ・フローも変わるかもしれません。この点を理解するために，次の【設例12−1】について考えてみましょう。

┌─【設例12−1】───────────────────
│　ある大学の学園祭でもつ鍋屋を出すには，合計100万円が必要で，テー
│ブルやコンロ，皿，キャベツ，ニラなどを購入する。もつ鍋屋は，成功

すれば180万円，失敗すれば120万円のキャッシュ・フローを生み出すと予想されている。ここで，経営者が一生懸命働けば成功確率が80%になるが，一生懸命頑張らなければ成功確率は20%になるとする。ただし一生懸命頑張った場合には，経営者は疲れてしまうため，1,000円分の不満が生じる。いま，学園祭でこのようなもつ鍋屋が2件出たとする。1件は，1人の学生が100万円を出し，自らが経営者となってもつ鍋屋を運営している（もつ鍋屋A）。もう1件は，1,000人の学生が1,000円ずつ資金を出し合い，そのうちの1人が経営者になっている（もつ鍋屋B）。なお，経営者以外の学生は，経営者が一生懸命頑張っているかどうかを観察できないとする。

【設例12－1】では，再び学園祭の模擬店を考えていますので，もつ鍋屋A，Bは学園祭終了と同時に解散すると考えて下さい。第10章，第11章と設定が違うので戸惑うかもしれませんが，本章で説明する内容はこの設定の方がわかりやすいので，あまり気にせずに読み進めて下さい。

さて，もつ鍋屋A，Bの最大の違いは，経営者の持株比率にあります。もつ鍋屋Aでは，1人の学生が100万円全額を出資して経営者になっているため，経営者の持株比率は100%となっています。これに対して，もつ鍋屋Bでは，1,000人の学生が1,000円ずつ出資し，そのうちの1人が経営者になっているため，経営者の持株比率は0.1%（$\frac{1,000}{1,000,000}$=0.1%）となっています。

ここで考えたいのは，もつ鍋屋Aともつ鍋屋Bでは，どちらの期待キャッシュ・フローが大きくなるかです。ここで，期待キャッシュ・フローは成功確率によって変わってくるのですが，成功確率は経営者が一生懸命頑張るかどうかで決まりますから，まずはもつ鍋屋A，Bの経営者が一生懸命頑張るかどうかを考えることにしましょう。

これについては，一生懸命頑張った場合の経営者の期待収益と一生懸命頑張らなかった場合の経営者の期待収益をそれぞれ計算し，比較することで考えることができます。

　まず，もつ鍋屋Aの経営者について考えましょう。もつ鍋屋Aの経営者は，持株比率が100％ですから，100万円の出資に対して，もつ鍋屋が生み出すキャッシュ・フロー全額をもらうことができます。ここで，一生懸命頑張ることによる1,000円分の損失まで考慮すると，一生懸命頑張った場合の経営者の期待収益は次のように計算できます。

$$\frac{80}{100} \times 180万 + \frac{20}{100} \times 120万 - 1,000 = 167万9,000円$$

　次に，もつ鍋屋Aの経営者が一生懸命頑張らなかった場合の期待収益は，次のように計算できます。

$$\frac{20}{100} \times 180万 + \frac{80}{100} \times 120万 = 132万円$$

　以上の計算から明らかなように，もつ鍋屋Aの経営者にとっては，一生懸命頑張ると1,000円分の不満足が生じることを考慮しても，一生懸命頑張った方がよいことになります。これは，自分が一生懸命頑張ることで成功確率が大幅に上がり，期待収益が上がるわけですから，当然のことといえるでしょう。このため，もつ鍋屋Aの経営者は一生懸命頑張り，成功確率が80％，期待キャッシュ・フローが168万円となります。

　では，もつ鍋屋Bの経営者は，一生懸命頑張るでしょうか。もつ鍋屋Bの経営者は1,000円の出資に対して，もつ鍋屋が生み出すキャッシュ・フローのうち0.1％分を得ることになります。したがって，一生懸命頑張った場合の期待収益は，一生懸命頑張ることによる不満まで考慮すると次のように計算できます。

$$\frac{80}{100} \times 180万 \times \frac{1}{1,000} + \frac{20}{100} \times 120万 \times \frac{1}{1,000} - 1,000 = 680円$$

　次に，一生懸命やらなかった場合の経営者の期待収益は次のように計算できます。

$$\frac{20}{100} \times 180万 \times \frac{1}{1,000} + \frac{80}{100} \times 120万 \times \frac{1}{1,000} = 1,320円$$

　以上の計算から明らかなように，もつ鍋屋Bの経営者の期待収益は，一生懸命頑張った方が低くなるため，経営者は一生懸命頑張らないことになります。このため，経営者の持株比率が低いもつ鍋屋Bでは，経営者が十分な努力をしないため，成功確率が20％で期待キャッシュ・フローが132万円となり，もつ鍋屋Aの期待キャッシュ・フローよりかなり低くなってしまいます。

　この時，当然もつ鍋屋Bの企業価値は低くなり，他の株主は株式価値の低下という形で損失を負担することになります。このような問題は株主・経営者間のエージェンシー問題と呼ばれ，一生懸命頑張らないという経営者の裏切り的な行動はモラル・ハザードと呼ばれます。

　このような株主・経営者間のエージェンシー問題が生じるのは，経営者が一生懸命頑張っているかどうかを株主が観察できないことにも起因しています。もし，株主が経営者の行動や態度を簡単に観察できるのであれば，あらかじめ「一生懸命頑張らなかった場合は，すぐに経営者を解雇する」といった契約を経営者と結んでおくことで，経営者のモラル・ハザードを防ぐことができます。

　しかしながら，株主は企業内部にいるわけではなく，さらに大企業では，経営者の職務がきわめて複雑になっていますから，株主が経営者の行動や態度を観察するには，かなりのコストがかかってしまいます。このような状況は，情報の非対称性が存在すると呼ばれています。株式市場に情報の非対称性が存在する場合，経営者の持株比率が低ければ，株主・経営者間のエージェンシー問題が生じてしまうのです。

(2) 株式のエージェンシー・コスト

　前の項で，経営者の持株比率が低下すると，経営者が十分な努力を行わなくなるため，企業価値が低下してしまうことを指摘しました。

　株主・経営者間のエージェンシー問題の具体例としては，他にも経営者が必要以上に豪華な社長室を作ることや過大投資を行うことが指摘されています。このうち過大投資とは，NPVが正の投資プロジェクトだけでなく，NPVが負

の投資プロジェクトまで実行してしまうことを指します。一般に経営者は，自分の会社の規模が大きくなり，より多くの人間をコントロールできるようになることで満足感を得ると言われています。このため，経営者は収益性が低くても多くの投資を実行し，過大投資問題を引き起こすことがあるのです。

　これらの株主・経営者間のエージェンシー問題は明らかに企業価値を低下させます。では，これらの問題と最適資本構成の問題は，どのように関係しているのでしょうか。

　一般に企業が新株発行による資本調達を行うと，外部者に株式を発行することになりますから，経営者の持株比率は低下します。つまり，企業が新株発行を多く行うほど，株主・経営者間のエージェンシー問題が深刻になり，企業価値が低下するのです。この企業価値の低下分は株式のエージェンシー・コストと呼ばれます。

　なお，実際の企業は，新株発行を行って経営者の持株比率が低下した場合，さまざまな方策を用いてエージェンシー問題を軽減しようとします。例えば，経営者を監督する取締役を株主が選任しますし，経営者が一生懸命頑張るよう，報酬の与え方を工夫することもあります。これは，コーポレート・ガバナンスと呼ばれるもので，具体的には第13章で説明します。ただし，これらの方策を使ったとしても，エージェンシー・コストはゼロにはならないと考えられます。なぜなら，経営者のモラル・ハザードを完全に防止するのが困難な上に，それらの方策自体にコストがかかるからです。

(3) 負債のエージェンシー・コスト

　このように新株発行はエージェンシー・コストを伴うため，コストの高い資金調達といえます。外部資本調達が必要になった企業が新株発行を避けるのであれば，負債資本調達を行うことになります。しかし，企業が負債資本調達を行った場合も，さまざまなエージェンシー問題が生じることが知られています。具体的には，①NPVが低くてもリスクの高い投資を実行したがる（資産代替問題），②NPVが正の投資プロジェクトを実行するインセンティブを持たない

（過小投資問題）といったことが指摘されています。

　これらの問題は株主・債権者間のエージェンシー問題と呼ばれ，企業価値を低下させることになります（負債のエージェンシー・コスト）。以下では，資産代替問題と過少投資問題について，設例を用いて説明したいと思います。

　なおここでは，オーナー企業（株主が1人で，その株主が経営者になっている企業）が，株式のエージェンシー・コストを避けるために新株発行を行わず，負債資本調達を行ったと想定します。このため，経営者の意思決定は株主の富を最大化する形で行われます。

(a)　負債利用による資産代替問題

┌─【設例12－2】───────────────────────────
│
│　Bさんは，大学の中で弁当屋を開くか，あるいは占い屋を開こうと思っている。どちらの投資も，必要資金は100万円である。弁当屋を開いた場合，1年後に確実に110万円のキャッシュ・フローが得られると予想されている。占い屋を開いた場合には，1年後に50%の確率で160万円（成功），50%の確率で50万円（失敗）のキャッシュ・フローが得られると予想されている。Bさんは自己資金がないので，投資資金100万円は全額銀行借入で調達する。単純化のために，全ての人はリスク中立的で，安全利子率をゼロとする。なお，Bさんに投資資金を貸し出した銀行は，Bさんが弁当屋を開くか占い屋を開くかを観察できないとする（情報の非対称性が存在する）。
│
└──────────────────────────────────────

　【設例12－2】では，リスク中立的という用語が出てきていますが，これは，人々が期待収益が同じであれば，リスクの大小は関係ないと考えているという意味です。この仮定をおけば，現在価値計算を行う際に，リスク・プレミアムをゼロとおけるため，計算が簡単になるというメリットがあります。これも今までの設定と違うため，戸惑う読者もいると思いますが，この方がわかりやすいので，あまり気にせずに読み進めて下さい。

まず，2つの投資案のNPVを計算すると，次のようになります。

$$弁当屋のNPV＝\frac{110}{1＋0}－100＝10万円$$

$$占い屋のNPV＝\frac{105}{1＋0}－100＝5万円$$

したがって，Bさんが実行すべき投資案は，明らかに弁当屋を開くことになります。

では，Bさんは本当に弁当屋を開くことになるでしょうか。最初に，Bさんが銀行に弁当屋を開くから100万円貸して欲しいとお願いして，銀行がBさんの言うことを信用したとします。このとき，弁当屋は全くリスクのない投資案ですから，銀行は安全利子率と同じ金利で貸出を行うことになります。つまり，金利ゼロで100万円を貸し出すことになります。

このとき，Bさんが弁当屋を開けば，1年後に確実に10万円の収益を得ることになります。

では，もしBさんが銀行との約束を破って，占い屋を開いたらどうなるでしょうか。この場合，Bさんの期待収益は次のように計算されます。

$$\frac{50}{100}×(160－100)＋\frac{50}{100}×0 ＝30万円$$

このように，株主であるBさんにとっては，NPVの低い占い屋を開いた方が，弁当屋を開くよりも期待収益が高くなります。

これは，占い屋を開いて失敗した場合に，Bさんの収益が－50万円ではなく，ゼロになることに大きな原因があります。株式会社の場合，株主は負債の返済に関して有限責任となっており，企業が負債を全額返済できない場合に，株主が個人的に企業の負債を返済する義務はありません。このように，占い屋が失敗した場合は収益がゼロになるだけで済むため[1]，Bさんの期待収益は占い屋を開いた方が大きくなるのです。

---

(1) 例えばある企業の株式を購入して，その企業が倒産した場合，持っている株式の価格がゼロになることはありますが，それ以上おカネを支払う必要はありません。

　もちろん，占い屋を開いた場合はリスクがありますから，Ｂさんがどちらを
選ぶかは彼のリスク許容度によって決まるわけですが，ここではＢさんをリス
ク中立的と仮定していますので，Ｂさんは弁当屋を開くという銀行との約束を
破って，リスクの高い占い屋を開くことになるでしょう（資産代替問題）。

　この資産代替は，銀行にとっては当然不利になります。仮にＢさんが弁当屋
を開けば，銀行は確実に100万円を回収できたはずですが，Ｂさんが占い屋を
開けば，銀行の期待回収額は，

$$\frac{50}{100}\times100+\frac{50}{100}\times50=75万円$$

となってしまいます。

　では，このような問題に対して，銀行はどのように対処するでしょうか。も
し銀行が合理的であれば，金利ゼロで資金を貸し出した場合，Ｂさんは占い屋
を開くということを事前に予測できると考えられます。つまり，銀行は最初か
ら，Ｂさんは自分を裏切って占い屋を開くだろうと予測して100万円を貸し出
すと考えられるのです。

　このとき，銀行はＢさんの資産代替に対処するため，高い金利を課すことに
なるでしょう。具体的には，最低でも期待回収額が貸出額と同じになるような
条件で貸出を行うでしょうから，貸出金利r_Bは次のように決まるはずです[2]。

$$\frac{50}{100}\times100\,(1+r_B)+\frac{50}{100}\times50=100$$

　上の式の左辺は，銀行が金利r_Bで貸出を行った場合の期待回収額を表して
います。占い屋が成功した場合は，元本の100万円に金利$100r_B$を加えた金額
を回収できると思われますが，失敗した場合は占い屋のキャッシュ・フローは
50万円しかありませんので，銀行の回収額は50万円になるはずです。

---

[2]　読者の中には，期待回収額が貸出額を超えるような金利で100万円を貸し出しても
　　いいのではないかと思う人もいるかもしれません。しかしながら，そのような金利で
　　貸出を行おうとすれば，他の銀行がもっと低い金利で貸出を実行するため，最終的に
　　は，期待回収額が貸出額と一致する金利で貸出が行われることになります。

　上の式を解くと，貸出金利r_Bは，

$$r_B = 0.5$$

となります。つまり，銀行は金利50％で100万円を貸し出すことになります。

　このように，情報の非対称性があり，銀行がBさんの行動を観察できない状況では，銀行は50％という高い金利で貸出を行うことになります。この時，Bさんは弁当屋を開いても，得られるキャッシュ・フロー110万円よりも負債の返済150万円の方が大きいので，期待収益はゼロとなります。一方，占い屋を開いた場合の期待収益は，次のように計算されます。

$$\frac{50}{100} \times (160 - 150) + \frac{50}{100} \times 0 = 5 \text{万円}$$

　したがって，やはりBさんは，NPVの低い占い屋を開くことになります。

　注意して欲しいのは，もし銀行がBさんを信用して金利ゼロで100万円を貸し出し，Bさんも銀行を裏切らずに弁当屋を開いていれば，Bさんは確実に10万円の収益を得られたということです。つまり，情報の非対称性がある状況では，銀行がBさんの言うことを信用せず，高い金利で資金を貸し出すため，株主であるBさんは，期待収益が5万円低下するという損失を負担しているのです。

　以上から明らかなように，情報の非対称性がある状況で企業が負債による資金調達を行えば，経営者がリスクの高い投資を実行したがるため，債権者は高い金利で資金を貸し出すことになります。この時，経営者はNPVが低い投資を実行するため，当然，企業価値は低下するわけですが，この企業価値の低下分を負債のエージェンシー・コストといいます。

　先の説明から明らかなように，銀行は高い金利で貸出を行うことで損失を回避することができます。この結果，負債のエージェンシー・コストは全額株主が負担することになるのです。

(b)　負債利用による過小投資問題

　次に，企業が負債を利用した場合に，NPVが正の投資案が実行されないと

いう過小投資問題を説明しましょう。次の【設例12－3】について考えることにします。

---【設例12－3】---

　Cさんは去年，カレー屋を開いた。創業時の投資に必要な資金は全額負債で調達し，来年70万円を返済する予定である。このカレー屋は，今年100万円のキャッシュ・フローを生み出した。

　実は，カレー屋を来年も続けるためには，今，50万円の投資をしなければならない。投資を実行してカレー屋を続ければ，来年は110万円のキャッシュ・フローが得られると予想されている。Cさんは，今年得たキャッシュ・フローを使ってこの投資を実行するか，投資を実行せずに，100万円全額を配当として受け取るか悩んでいる。単純化のために全ての人はリスク中立的で，安全利子率をゼロとする。

　まず，問題になっている投資のNPVを計算すると，

$$\frac{110}{1+0}-50＝60万円$$

となりますから，明らかにこの投資は実行すべきです。

　仮にこの投資を実行した場合，Cさんは今年配当を50万円受け取り，来年は投資が生み出すキャッシュ・フロー110万円から負債の返済70万円を引いた40万円を受け取りますので，合計で90万円のキャッシュ・フローを受け取ることになります。

　したがって，Cさんにとっては，この投資を実行せずに，今年のキャッシュ・フロー100万円全額を受け取った方が有利ということになります。これは，新しい投資を実行して110万円のキャッシュ・フローを得ても，その大部分が負債の返済に回されるため，株主であるCさんにとっては有利な投資ではないからです。債権者は貸出を回収でき，70万円の損失を負担することになります。

　このように，企業が負債を利用している場合には，NPVが正の有望な新規

投資が実行されない可能性があります（過小投資問題）。当然，新規投資を実行した場合に比べて，投資のNPV分だけ企業価値が低くなるわけですが，この企業価値の低下も負債のエージェンシー・コストといわれています。

(c) 負債のエージェンシー・コストの軽減策

　これまで，負債のエージェンシー・コストについて説明してきました。資産代替問題の説明では，負債の多い企業がリスクの高い投資を行うため，銀行は高い金利で貸出を行い，結果として株主の富が低下することを説明しました。

　ただし，現実の企業と債権者は，さまざまな工夫を行うことで，この問題を軽減していると考えられます。例えば，企業は負債資本調達を行う際に，よく土地等の有形固定資産を担保として債権者に提供します。これは，仮に企業がリスクの高い投資を実行しても，債権者が担保によって十分な金額を回収できるようにしていると解釈できます。また，重要な資産を債権者に取られたくない企業は，リスクの高い投資を実行しなくなるかもしれません。この状況では，債権者はそれほど高い金利を取らないでしょうから，企業は負債のエージェンシー・コストを軽減できることになります。実際，有形固定資産を多く保有する企業は自己資本比率が低い傾向にあることが知られています。

　企業が負債資本調達を行う際，銀行から借り入れるか，社債を発行するという選択がありますが，一般に銀行は，借り手企業をモニター（監督）する能力に優れているといわれています。銀行は多様な企業と取引をしており，さまざまな業界の情報を蓄積していますし，企業の決済口座を保有しているので，企業のキャッシュ・フローに関する情報を得ることができるからです。この時，銀行のモニター機能を通じて，資産代替や過小投資を防止できると考えられます。

　また，企業は社債を発行する時に財務上の特約と呼ばれる契約を債権者と締結することがあります。そこでは，利益維持，純資産維持，配当制限などが契約として明示され，企業が違反した場合は何らかのペナルティーを受けます。企業は純資産や利益を維持するためにリスクの高い投資を控えるでしょう。【設例12－3】の過小投資問題は，カレー屋が有望な新規投資を実行せずに，

キャッシュ・フローを全て配当に回してしまうという問題ですが，これも配当制限によって防止できると考えられます。

　最後に，過小投資問題は，銀行が企業の債務を免除することで軽減することも可能です。【設例12－3】の過小投資は，投資が生み出す将来のキャッシュ・フローの大部分を負債の返済に回さざるを得ないために生じています。仮に，企業の新規投資の決定時点において，銀行が来年の負債返済額を例えば59万円に減額してやれば，企業は新規投資を実行するようになります。債権者にとっても59万円回収できるので，状況が改善することになります。

　これらの方策によって，負債のエージェンシー・コストは軽減できますが，やはりゼロにすることは不可能だと考えられます。というのも，資産代替や過小投資を完全に防止することが困難な上に，これらの方策自体にコストがかかるからです。例えば，銀行のモニター機能や債務免除によって負債のエージェンシー問題を軽減する場合，銀行はモニタリングにコストをかける必要があるでしょうし，債務免除を行えば自分自身が損をしますから，最初に資金を貸し出す際に金利を高く設定するでしょう。これらのコストは，結局株主が負担することになります。

(4) エージェンシー・コストと資本構成

　これまで説明してきたように，企業が新株発行を行えば，経営者が必要な努力を行わないなどの問題が生じ，株式のエージェンシー・コストが生じます。一方，負債による資金調達を行えば，資産代替や過少投資問題が生じ，負債のエージェンシー・コストが発生します。

　このため，資本構成のエージェンシー理論では，次の│基礎理論12－1│の形で，最適な資本構成が決定されると考えられています。

基礎理論12－1

　企業の最適な資本構成は，株式のエージェンシー・コストと負債のエージェンシー・コストのトレード・オフによって決定される。

12.3　配当政策の応用理論：エージェンシー理論と
　　　　　　シグナル効果

　第11章では，エージェンシー問題が全く存在しない状況で，全ての投資家が企業の将来キャッシュ・フローを同じように正確に予測できるという想定で，最適配当政策の問題を考えました。

　しかしながら，前の節で説明したように，企業にはさまざまなエージェンシー・コストが発生する可能性があります。また，全ての投資家が企業の将来キャッシュ・フローを同じように正確に予測するという想定は明らかに非現実的です。現実には，企業内部にいる経営者は企業の将来キャッシュ・フローをある程度正確に予測できても，企業外部の投資家は正確な予測を行うことは不可能でしょう。つまり，証券市場には情報の非対称性があると考えられるのです。

　この節では，これらの現実的要素を考慮に入れて，最適配当政策の問題を考えることにします。

(1) 配当のエージェンシー理論
　前の節で説明したように，経営者の持株比率が低下した場合，経営者が株主の利害に沿って行動しなくなるという株主・経営者間のエージェンシー問題が発生します。具体的には，経営者が十分な経営努力を行わないことやNPVが負の投資を実行するという過大投資問題が生じるのです。

　このようなエージェンシー問題が存在する場合，有望な（NPVが正の）新規投資プロジェクトをあまり持たない成熟企業については，配当を多く支払うべきだと考えられます。なぜなら，成熟企業があまり配当を払わず，内部留保が多く蓄積されると，経営者がその内部資金を用いて，過大投資を行ってしまう可能性があるからです。

　このような投資を実行すると，企業の規模が拡大し，経営者がコントロールできる資源や人間が増えるため，経営者は満足感を得ることができますが，

NPVが負の投資を行うわけですから，株価が低下してしまいます。つまり，成熟企業で配当が少ないと，経営者が株主を犠牲にして自分の利益を追求する行動をとってしまうのです。

逆に，成熟企業が配当を多く支払っておけば，内部留保が少なくなり，経営者が投資を行う時は外部資本調達が必要になります。この時，外部の資本提供者が，経営者が実行しようとしている投資のNPVが低いと考えていれば，経営者に投資資金を供給しないでしょうから，経営者の過大投資が防止される効果が期待できます[3]。

一方，有望な（NPVが正の）新規投資プロジェクトを豊富に持っている成長企業では，配当をあまり払わないことが適切であると考えられます。なぜなら，成長企業が配当を多く支払えば，その分，内部留保が少なくなりますから，新規投資を実行するために多額の外部資本調達を行う必要が生じるからです。このとき，新株発行を行えば株式のエージェンシー・コストが増大してしまいますし，負債資本調達を行えば負債のエージェンシー・コストが増大してしまいます。つまり，大量の資金調達が必要な成長企業が配当を多く支払うと，外部資本調達に伴うエージェンシー・コストの増大を招いてしまうのです。

したがって大量の資金調達が必要な成長企業は，できるだけ内部資本調達を利用するのが好ましくなります。このとき，必然的に，配当はできるだけ少ない方が好ましいということになります。

(2) 配当のシグナル効果

先に述べたように，全ての投資家が企業の将来キャッシュ・フローを正確に予測できるという想定は，常識的に考えて非現実的だと思われます。現実には情報の非対称性があり，企業内部にいる経営者は企業の将来キャッシュ・フローをある程度正確に予測できても，企業外部の投資家が正確な予測を行うこと

---

[3] 言い換えれば，配当を多く支払っていれば，企業が新規投資を実行しようとするたびに，望ましい新規投資であるかどうかを外部の金融・資本市場にチェックされるということです。

は不可能でしょう。この時，自分の予測に自信のない投資家は，企業の将来キャッシュ・フローを予測する上で，経営者の財務政策をヒントにする可能性があります。

　第5章で説明したように，一般に経営者は減配を非常に嫌う傾向にあります。経営者のこのような性質を前提にした場合，配当は企業の将来キャッシュ・フローについての情報を株式市場に伝達する効果を持つといわれています。次の【設例12−4】について考えてみましょう。

┌─【設例12−4】────────────────────────────

　ある年，Ｌさんを経営者とするラーメン屋が創業した。創業当初，Ｌさんを含め世の中の皆が，このラーメン屋が毎年生み出すキャッシュフロー・パターンの予測が難しいと感じていた。具体的には，毎年50％の確率で60万円（運の良い年），50％の確率で40万円（運の悪い年）のキャッシュ・フローを生み出すという予想もできたが（キャッシュフロー・パターンG），毎年50％の確率で40万円（運の良い年），50％の確率で20万円（運の悪い年）のキャッシュ・フローしか生み出さないという予想もできた（キャッシュフロー・パターンB）。

　1年目に，このラーメン屋は40万円のキャッシュ・フローを生み出した。この時点では，Ｌさんも他の人もまだ，このラーメン屋のキャッシュフロー・パターンがGなのかBなのかわからなかった。Ｌさんは減配を非常に嫌がる人なので，1年目のキャッシュ・フロー40万円のうち，30万円を配当として支払い，10万円を内部留保とした。こうすれば，仮に2年目のキャッシュ・フローが20万円しかなくても，Ｌさんは1年目の内部留保と合わせれば30万円の配当を払えるだろうと考えた。

　このラーメン屋は，2年目も40万円のキャッシュ・フローを生み出した。実はこの時点で，毎日お客さんと接しているＬさんだけは，客の反応などから，ラーメン屋のキャッシュフロー・パターンがGだということがわかった。Ｌさんは，2年目の最後に，配当を40万円に増配した。

10万円は引き続き内部留保する。

　なお，Lさん以外の人は，1年目，2年目に払われた配当額を見ることができる。また，Lさんが2年目の最後に，ラーメン屋の真のキャッシュフロー・パターンがGなのかBなのかを知ったということを知っている。さらに，Lさんがとても減配を嫌う人だということも知っている。

　ここで考えたいのは，2年目の最後にLさんが増配を行ったのを見た時点で，投資家がこのラーメン屋の真のキャッシュフロー・パターンを知ることができるか，ということです。

　第7章で説明したように，株価は将来の配当の現在価値になりますから，2年目の最後の株価は，3年目以降に得られる配当によって決まることになります。ここで配当は，ラーメン屋が毎年生み出すキャッシュ・フローの中から支払われますので，2年目の最後におけるラーメン屋の株価は，3年目以降のキャッシュフロー・パターンに関する投資家の予測によって決まることになります。したがって，投資家がラーメン屋の真のキャッシュフロー・パターンを知ることができるかどうかは，ラーメン屋の株価，企業価値を考える上で非常に重要なのです。

　話を戻して，投資家は2年目の最後に，ラーメン屋のキャッシュフロー・パターンがGであるかBであるかを知ることができるのでしょうか？

　答えはイエスです。なぜかというと，キャッシュフロー・パターンは，経営者の配当政策から知ることができるからです。

　重要なことは，Lさんはラーメン屋のキャッシュフロー・パターンを知っていて，なおかつ将来の減配を嫌うにもかかわらず，2年目に配当を40万円に増配したという事実です。この増配を見たほかの人々は，きっと次のように考えるでしょう。

　「もしキャッシュフロー・パターンがBであれば，Lさんは3年目に20万円しかキャッシュ・フローを得られなかった場合，40万円の配当を支払う

ことはできない。つまり減配せざるを得ない。減配を嫌がるＬさんはそんなことはしないはずだ。」

「Ｌさんは，３年目以降のキャッシュフロー・パターンがGであり，最低でも毎年40万円のキャッシュ・フローを稼げることを知っているから，40万円の配当ならば将来も減配せずに維持できると考えたのだろう。」

このように，Ｌさんの増配決定を知った投資家は，ラーメン屋のキャッシュフロー・パターンがGであることを間接的に知ることができるのです。この結果，キャッシュフロー・パターンがGであるかBであるかわからない時点に比べて，明らかに３年目以降の期待配当額は増大しますので，ラーメン屋の株価は上昇するはずです。

以上の説明から明らかなように，経営者が増配を行うと，「経営者は増配した配当水準を将来も維持できるだけの収益力があると考えている。」という情報が株式市場に伝わり，株価が上昇することになります。配当が持つこのような効果はシグナル（情報伝達）効果と呼ばれています。したがって経営者は，自社の収益力を株式市場に伝える手段として，配当政策を利用できるのです。

第 Ⅲ 部

コーポレート・ファイナンスの
トピックス

　第Ⅰ部と第Ⅱ部では，企業の財務活動に関する基礎的な知識と理論を説明してきました。第12章でエージェンシー理論について説明した中で，コーポレート・ガバナンスという用語が出てきました。実は，企業の財務政策とコーポレート・ガバナンスの間には，密接な関係があるといわれています。コーポレート・ガバナンスとは，企業にあるべき行動をとらせるために必要な仕組みを指しますが，企業がどのような資金調達手段をとるかによって，最適なコーポレート・ガバナンスのあり方が変わってきます。また，コーポレート・ガバナンスが十分整備されていないと，企業が企業価値最大化に反した行動をとることがあります。その意味で，コーポレート・ガバナンスについて理解することは，企業の財務政策を考える上で非常に重要といえます。実際，日本でもさまざまなコーポレート・ガバナンス改革が近年実施されてきました。

　企業は，第Ⅰ部で説明した基本的な金融取引の他に，デリバティブと呼ばれる複雑な金融取引を行っています。1990年代の初頭に，ある日本の金融機関がデリバティブ取引で巨額損失を出したことが話題になりましたが，2008年のリーマン・ショックに端を発した世界金融危機において，複雑なデリバティブ取引がその一因だったという指摘がなされています。

　第Ⅲ部「コーポレート・ファイナンスのトピックス」では，これらのテーマについて，基礎的な内容を解説します。第13章では，コーポレート・ガバナンスを取り上げますが，近年の日本企業では，コーポレート・ガバナンスのあり方が大きく変わっていると指摘されています。その意味で第13章では，最近の日本企業でどのような変化が起きているかを学習することになります。第14章では，デリバティブの基礎として，先物，オプション，スワップの仕組みをわかりやすく解説します。

第13章

コーポレート・ガバナンス

13.1 コーポレート・ガバナンスとは

　第12章で説明したように，コーポレート・ガバナンスはエージェンシー問題を軽減するための仕組みです。経営者が株主の価値ではなく，自身の満足度を高める行動をとると，企業価値・株式価値が低下します。逆にいえば，経営者の行動をチェックし，株主の価値を増大するよう動機づけることで，企業価値を高め，持続的な成長を実現できると考えられます。コーポレート・ガバナンスは，まさにこのための仕組みです[1]。

　コーポレート・ガバナンスという用語が日本で初めて流行したのは1990年代前半でした。日本がバブル経済と呼ばれる好景気を経験した1980年代後半までは，株価が長期的に上昇傾向にあったため，コーポレート・ガバナンスの重要性が主張されることは多くありませんでした。しかしながら1990年代に入ってバブル経済が崩壊し，株価が下落するとともに日本企業のROEが国際的にみて低水準であることが認識されるようになると，コーポレート・ガバナンスのあり方を見直すべきと言われることが多くなりました。その後，2014

---

[1]　広義には，コーポレート・ガバナンスは経営者にあるべき行動をとらせる仕組みと考えられています。この場合，経営者のあるべき行動とは何かが，文脈によって異なってきます。コーポレート・ファイナンスは資本提供者の立場から企業を考察するため，企業価値・株式価値を最大化させる行動を経営者にとらせる仕組みを考えることになります。一方で，適切な環境配慮や職場環境の改善，地域貢献を進めるための仕組みとしてコーポレート・ガバナンスを捉えることもあります。

年に経済産業省が公表した伊藤レポートでも，日本企業のROEが投資家の期待する収益率を満たしていないことが指摘されました。最近では政府もさまざまなコーポレート・ガバナンス改革を主導し，日本のコーポレート・ガバナンスは大きく変化しています。

　この章では，コーポレート・ガバナンスの問題がなぜ生じるのか，好ましいコーポレート・ガバナンスを実現するにはどのような方策をとればよいのかを説明することにします。

13.2　所有と経営の分離と株主・経営者間の　　　エージェンシー問題

(1)　所有と経営の分離

　コーポレート・ガバナンスはエージェンシー問題を軽減するための仕組みですが，エージェンシー問題が生じる根本的な原因は，所有と経営の分離に求めることができます。

　第1章で説明したように，大企業は株式会社形態をとっており，非常に多数の分散した株主が企業に出資しています。例えばトヨタの場合，2020年3月末時点で約46万人の普通株主が存在していて，筆頭株主でも持株比率は12.7%にすぎません。

　先に述べたように，株式会社の法律上の所有者は株主であり，株主は企業経営をコントロールする権利を持株比率分だけ持っているので，本来は株主が自ら企業経営にあたってもいいはずです。しかしながらこれだけ株主が分散化し，個々の株主の持株比率が小さくなると，株価の上昇や配当だけに関心を持ち，企業経営のコントロールには全く興味のない株主が多くなってきます。さらに，企業をとりまく環境が複雑になるにつれて，経営者には高度の専門知識が要求されるようになります。

　この結果，企業の経営者には，企業の株式を保有していることよりも，経営に関する高度の専門知識を有していることが求められるようになり，事実上株

式を保有していない専門経営者が企業経営を行うようになるのです。このような企業の特徴は，所有と経営の分離と呼ばれています。実際，2020年3月時点で，トヨタの社長である豊田章男氏の持株比率はわずか0.146％にすぎません。

(2) 株主・経営者間のエージェンシー問題

　この所有と経営の分離は株式会社に重大な問題を引き起こすことになります。それは，第12章で説明した株主・経営者間のエージェンシー問題です。

　第12章の【設例12－1】を思い出してください。学園祭で同じもつ鍋屋を出す時に，全額出資している人が経営者になれば経営を一生懸命頑張り，成功確率が高くなるのですが，多くの人が少しずつ出資し，持株比率の低い一人が経営者になった場合には経営者が一生懸命頑張らないので，もつ鍋屋の成功確率は低くなってしまいます。

　つまり，所有と経営の分離によって経営者の持株比率が低下すると，経営者が株主全体の利害に反した行動をとるのです。もし，株主が経営者の行動や態度を簡単に観察できるのであれば，このような経営者のモラル・ハザードを防ぐことができますが，大企業の場合には，企業外部にいる株主が経営者の行動や態度を観察するには，かなりのコストがかかるでしょう。このように情報の非対称性が存在する場合には，経営者のモラル・ハザードが生じ，ROEや株価が低下してしまう恐れがあるのです。

　したがって，コーポレート・ガバナンスでは，情報の非対称性が存在する状況の中で，株主・経営者間のエージェンシー問題を軽減するための方策を考えることになります。

13.3　コーポレート・ガバナンスの仕組み

　では，株主・経営者間のエージェンシー問題を軽減する方策として，具体的にはどのようなものがあるのでしょうか。ここでは，コーポレート・ガバナン

図表13－1　日本の経営監督機構(1)　監査役設置会社

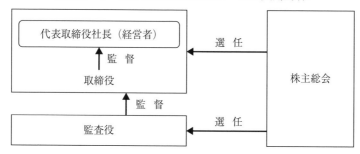

スの主な仕組みについて説明していくことにします。

(1)　取締役会制度

　株式会社における最も基本的なコーポレート・ガバナンスの仕組みは取締役会制度です。これは，株主総会で株主が代表者を数名選び，経営戦略の立案および経営者のモニタリング（監督）を担当させるという制度です。経営者は，取締役会の策定した経営戦略に従う形でさまざまな意思決定を行い，取締役のモニタリングを受けることになります。

　なお図表13－1に示されているように，従来の日本企業では，経営者である代表取締役が取締役会の中で選任されるのが一般的でした。また株主は取締役会とは別に監査役を選任し，監査役が取締役をモニターすることになっていました。この形態は，現在では監査役設置会社と呼ばれています。

　このように，株式会社では，実際に日々の意思決定を行う経営者を監督する機構が法律的に整備されているのですが，その現実的な有効性に疑問が提示されることも少なくありません。その大きな理由として，取締役や監査役を，事実上監督される経営者自身が選んでいることが指摘されています。

　もちろん法律上は，取締役や監査役は株主が選任することになっているのですが，現実には，取締役・監査役として誰が適切であるかを株主が判断することは困難で，経営者が選んだ候補者をそのまま承認しているのが実情です。このため，取締役や監査役が，自分を選んだ経営者に批判的な行動をとることは

難しいといわざるをえません。また特に日本では，取締役は従業員の出世競争のゴールという色彩が強く，株主の利害を代表しているという意識はほとんどなかったといえるでしょう。

　このように，法律上，取締役や監査役には経営者を監督することが期待されているのですが，当の取締役・監査役には，経営者を監督するインセンティブ（経済的動機）が必ずしも十分ではないのです。

　また，監督される経営者が取締役会の中から選ばれるというのも，取締役会の監督機能を低下させる要因になっていました。取締役会に対して経営者を厳しく監督することを期待するのであれば，やはり経営者と取締役会を明確に分離することが重要でしょう。しかしながら，日本の取締役会制度では監督を行う取締役と経営を行う代表取締役（経営者）の境界が曖昧になっていたため，有効な監督機能を期待しにくい状況になっていたのです。

　このように，コーポレート・ガバナンスの基本的な仕組みであるはずの取締役会制度は十分に機能しているとはいえなかったのですが，バブル崩壊後にコーポレート・ガバナンスの問題が盛んに議論されるようになった結果，1990年代後半から取締役会改革の動きがみられるようになりました。

　具体的には，米国の制度を取り入れて，取締役会の中に社外取締役を入れる企業が出てきました。社外取締役とは，現在，その会社やその会社の子会社で執行役あるいは従業員になっておらず，また過去においてもそのような経験のない取締役を指します。社外取締役は，社内の出世競争を勝ち抜いて取締役になったわけではなく，経営者との人的関係もそれほど強くないことから，有効な監督機能が期待されています。

　また，多くの企業が執行役員制度を導入しました。執行役員制度とは，長期的な経営戦略を立案し，経営者を監督する取締役と実際に日々の意思決定を行う経営者を組織上分離するという制度です。実際に意思決定を行う人は執行役員と呼ばれ，取締役は執行役員の監督を行うことが役割として明確になることから，より効率的なコーポレート・ガバナンスが実現すると考えられます。実は1990年代中頃まで，日本企業の取締役数は国際的にみて非常に多かったの

ですが，執行役員制の導入で取締役の一部が執行役員になったことから，取締役数は大幅に減りました。

　2003年の商法改正では，アメリカ型の取締役会制度を取り入れるため，委員会設置会社という新しい形態が採用できるようになりました。これは，監査役会を設置しない代わりに，取締役会の中に指名・報酬・監査の三委員会を設置し，各委員会のメンバーの過半数を社外取締役とするものです。委員会設置会社では，各委員会が監督する内容が明確になり，経営者・取締役の選任や報酬決定プロセスを透明にすることで，適切なコーポレート・ガバナンスが実現すると期待されました。しかしながら，委員会設置会社はそれほど普及しませんでした。理由の一つとして，当時の日本の経営者が社外取締役の大幅な増加を敬遠したことが指摘されています。実際，2009年までは，社外取締役が一人もいない企業が上場企業の過半数を占めていました。

　社外取締役が少ない状況を大きく変えたのは，2015年のコーポレートガバナンス・コードの策定でした。これは，コーポレート・ガバナンスに関して遵守すべき原則をまとめたもので，上場企業は各原則に対して遵守する場合は具体的な対応策を，遵守しない場合はその理由を公表することが求められました（コンプライ・オア・エクスプレインと呼ばれます）。この中で，独立社外取締役を2名以上採用することが原則とされたことから，社外取締役の採用が急速に普及し，2020年時点では上場企業の90％以上が社外取締役を採用するようになりました。

　2016年には，監査等委員会設置会社という新しい形態も導入されました。これは，取締役会の中に監査等委員会という委員会を設置し，そのメンバーの過半数を社外取締役とするものです（図表13−2参照）。委員会設置会社と比べると，社外取締役の数が少なくて済み，また指名・報酬委員会の設置が義務でないことから，2020年末時点で1,100社以上が採用しています。この20年で，日本の取締役会のあり方が大きく変わったことになります。監査等委員会設置会社の導入に伴い，委員会設置会社は指名委員会設置会社に名称が変わりました。

図表13−2　日本の経営監督機構(2)　監査等委員会設置会社

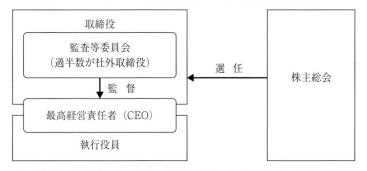

（注）執行役員制を導入し，最高経営責任者（CEO）が取締役を兼任している
　　ケースを示している。
（出所）筆者作成。

(2) 大株主による規律づけ

　第12章の【設例12−1】のもつ鍋屋Bを思い出して下さい。そこでは，
1,000人の株主が1株ずつ保有している状況を想定しましたが，株主の中に一
定以上の株数（持株比率）を有する大株主が存在すれば，経営者の行動や態度
に対するモニタリングが行われ，経営者に株主の富を最大化するような行動を
とらせることができるといわれています。

　いま，【設例12−1】のもつ鍋屋Bについて，個々の株主が3,000円のコスト
をかければ，経営者が一生懸命頑張っているかどうかをモニターでき，一生懸
命やっていない場合には，強制的に一生懸命頑張らせることができるとします。

　最初に大株主が存在しない状況を考えます。【設例12−1】の企業で，1,000
人の株主全てが1株ずつ（持株比率0.1％）保有しているとします。この時，
個々の株主は経営者の行動をモニターするでしょうか？　まず，ある株主がモ
ニタリングを行う場合，成功確率は80％になりますから，モニタリングを行
う株主の期待収益を計算すると，次のようになります。

$$\frac{80}{100} \times 180万 \times \frac{1}{1,000} + \frac{20}{100} \times 120万 \times \frac{1}{1,000} - 3,000 = -1,320円$$

このように，モニタリングを行う株主の期待収益はマイナスになります。これ

に対して，モニタリングを行わない場合は成功確率が20％となり，先に計算したように，個々の株主の期待収益は

$$\frac{20}{100} \times 180万 \times \frac{1}{1,000} + \frac{80}{100} \times 120万 \times \frac{1}{1,000} = 1,320円$$

となります。したがって，個々の株主は明らかにコストをかけてまで経営者のモニタリングを行わないことになります。

　このような結果になる理由は，モニタリングを行う株主は，モニタリングによる便益（成功確率の上昇による期待キャッシュ・フローの増大）についてはその一部（持株比率分）しか享受できないのに対し，3,000円の費用については全額負担しなければならないからです。したがって，持株比率の低い株主は，自らは経営者に対するモニタリングを行わず，他の株主がモニタリングを行ってくれることを期待するようになります。このような問題は，フリー・ライダー問題といわれています。

　では，大株主が存在する場合はどうなるでしょうか。ここで，【設例12－1】のもつ鍋屋Bで，株主Lさんが100株保有しているとします（持株比率10％）。この時，大株主Lさんは経営者に対するモニタリングを行うでしょうか。

　まず，大株主Lさんがモニタリングを行った場合の期待収益は次のように計算できます。

$$\frac{80}{100} \times 180万 \times \frac{10}{100} + \frac{20}{100} \times 120万 \times \frac{10}{100} - 3,000 = 165,000円$$

次に，モニタリングを行わない場合の大株主Lさんの期待収益は次のように計算できます。

$$\frac{20}{100} \times 180万 \times \frac{10}{100} + \frac{80}{100} \times 120万 \times \frac{10}{100} = 132,000円$$

以上より，大株主Lさんは経営者に対するモニタリングを行うことになります。

　このような結果になるのは，持株比率の高い大株主の場合，モニタリングを行うことによる便益（成功確率の上昇による期待キャッシュ・フローの増大）のうちより大きな部分を享受できるため，モニタリングに要する費用を自分で全額

負担してもなお利益が出るからです。言い換えれば，大株主の場合にはフリー・ライダー問題が生じないのです。

　このように，大株主が存在すると，経営者に対するモニタリングが行われ，有効なコーポレート・ガバナンスが実現するのです。中でも，多数の投資家から資金を預かり，代理で運用を行う機関投資家は専門知識を有しているため，大株主として経営者の監督を行うことが期待されています。特に，機関投資家が投資先企業のコーポレート・ガバナンスにおいて果たすべき役割をまとめたスチュワードシップ・コードを政府が2014年に策定して以来，機関投資家は企業価値の向上や成長に向けた企業との対話を増やし，株主総会においても不適切な提案について反対票を投じる傾向を強めています。先に説明したコーポレートガバナンス・コードと同様に，スチュワードシップ・コードもコンプライ・オア・エクスプレインを採用しています。

(3) 業績連動型報酬とストック・オプション

　経営者の報酬を企業業績に連動させるという方法もコーポレート・ガバナンスの仕組みとして考えられます。株主・経営者間のエージェンシー問題が生じる根本的な要因は，経営者の持株比率が低下した結果，経営者が株主の富を最大化するよう行動するインセンティブを失ってしまったことにあります。したがって，コーポレート・ガバナンスの仕組みを考えるには，経営者に適切なインセンティブを与えることが非常に重要です。このような方策の一つとして，業績連動型報酬をあげることができます。

　いま，【設例12-1】のもつ鍋屋Bが，180万円のキャッシュ・フローをあげた場合（成功）には経営者に2,000円のボーナスを出すことを決めたとしましょう[3]。この時，経営者は一生懸命頑張るでしょうか？　この問題を考えるた

─────────────

[3]　本来は，経営者が一生懸命頑張ったかどうかに応じてボーナスを与えるのがよいのですが，株主にとって経営者が一生懸命頑張ったかどうかをチェックするのは容易ではありません。このため，経営者が一生懸命頑張ったかどうかで変わってくる業績に連動した報酬を経営者に与えるのが，次善の策となるのです。

めに，先と同じように，一生懸命頑張った場合と頑張らなかった場合における
経営者の期待収益を計算してみましょう。

　まず，一生懸命頑張った場合の経営者の期待収益は，一生懸命頑張ることに
よる不満足1,000円を考慮すると，次のように計算されます。

$$\frac{80}{100} \times \left(180万 \times \frac{1}{1,000} + 2,000\right) + \frac{20}{100} \times 120万 \times \frac{1}{1,000} - 1,000 = 2,280円$$

　次に，一生懸命頑張らなかった場合の経営者の期待収益は次のように計算さ
れます。

$$\frac{20}{100} \times \left(180万 \times \frac{1}{1,000} + 2,000\right) + \frac{80}{100} \times 120万 \times \frac{1}{1,000} = 1,720円$$

　以上の計算より，ボーナスがある場合には一生懸命頑張った方が経営者の期
待収益が高くなるため，経営者は一生懸命頑張ることになります。このことは，
もつ鍋屋Bの成功確率を高めるため，株主全体にとっても有利な行動となりま
す。このように，経営者に業績連動型報酬を与えることによって，株主・経営
者間のエージェンシー問題を軽減することができます。

　また，ここでは企業の業績に連動する経営者報酬を考えましたが，株価に連
動する経営者報酬を用いても同様の効果が期待できます。このような効果をね
らった代表的な経営者報酬として，ストック・オプションがあります。ストッ
ク・オプションとは，自社の株式を，一定の期間に一定の価格（行使価格）で
一定の数だけ購入できる権利を経営者や従業員の報酬として与えることをいい
ます。

　例えば，ある会社の経営者が，行使価格500円のストック・オプションを与
えられたとしましょう。この経営者は，仮に自社の株価が600円になれば，ス
トック・オプションを行使して自社株を500円で購入し，すぐに600円で売却
することで100円の利益を得ることができます。

　このようにストック・オプションを付与された経営者は株価の上昇によって
利益を得ることができますので，株価を高くしたいと考えるようになります。
先の【設例12−1】のもつ鍋屋Bの経営者がストック・オプションを付与さ

れれば，経営者は株価を上げるためにもつ鍋屋の成功確率を上げたいと思うで
しょうから，一生懸命頑張るでしょう。このようにストック・オプションには，
経営者に株主の利益（＝株価）を最大化するインセンティブを与える効果があ
るのです[4]。

(4) 乗っ取りの脅威

　もう一度，【設例12－1】のもつ鍋屋Bについて考えましょう。適切なコー
ポレート・ガバナンスの仕組みが導入されなければ，もつ鍋屋Bの経営者は一
生懸命頑張らないはずです。この時，1株当たりの期待キャッシュ・フローは

$$\frac{20}{100} \times 1,800 + \frac{80}{100} \times 1,200 = 1,320円$$

となります。単純化のために全ての投資家がリスク中立的で安全利子率をゼロ
と仮定すると，もつ鍋屋Bの株価は次のように計算できます。

$$\frac{1,320}{1+0} = 1,320円$$

　では，この状況を見た金持ち学生はどうするでしょうか？　いま，ある金持
ち学生が，もつ鍋屋Bの全ての株式を1株1,320円で買い占めたとします[5]。
株式は全部で1,000株発行されていますから，金持ち学生は132万円を支払う
ことになりますが，持株比率が100％となりますので，もつ鍋屋Bの経営コン
トロール権を完全に握ることができ，自分が経営者になることができます。
　ここで，もつ鍋屋Bを乗っ取った金持ち学生が一生懸命頑張って経営を行え
ば，1株当たりの期待キャッシュ・フローが次のように変わります。

---

[4]　一方で米国では，ストック・オプションによって，経営者に対して不当に高い報酬
　が支払われているという批判があります。さらに，ストック・オプションを付与され
　た経営者が株価を高めたいと思うあまりに，不正経理を行うといった事件が起こるな
　ど，ストック・オプションのネガティブな側面も認識されています。
[5]　実際に企業を乗っ取る際には，時価の1,320円より少し高い価格で株式を買い占め
　ることが一般的です。

$$\frac{80}{100} \times 1,800 + \frac{20}{100} \times 1,200 = 1,680円$$

　このため，金持ち学生がもつ鍋屋Bを乗っ取り，自分が経営者になることで，株価が360円上昇します。すると，金持ち学生の保有する株式価値総額は

$$1,680 \times 1,000 = 168万円$$

となり，一生懸命頑張ったことによる不満足1,000円を差し引いても，167万9,000円の価値を得ることになります。この結果，敵対的買収を行った金持ち学生は，35万9,000円の収益を得ることになります。

　このように，経営効率が悪い企業は敵対的買収にあい，経営者が交代することによって，効率的な経営に改善されることがあります。つまり乗っ取り（敵対的買収）はコーポレート・ガバナンスの手段として重要な役割を果たすのです。また，このような敵対的買収の脅威があれば，現職の経営者も最初から効率的な経営を行い，株価が低迷しないように努力するでしょう。

　このように敵対的買収は重要なコーポレート・ガバナンスの仕組みであると考えられています。一方で，経営者が敵対的買収の脅威から短期的な業績向上を過剰に意識するようになると，長期的には企業価値が低下するかもしれません。このため，経営者は買収防衛策を採用することがあります。例えば，乗っ取りを仕掛けた買収者の持株比率が低下するように，買収者が行使できない新株予約権を既存株主に割り当てるライツプラン（ポイズン・ピル）があります。また米国では，買収が成功した場合に経営者に巨額の退職金等を支払うことをあらかじめ決めておくことで，買収の魅力を低下させるゴールデン・パラシュートが使われています。

(5) 銀行による規律づけ

　前に大株主が経営者をモニターすることを説明しましたが，実は企業に貸出を行っている銀行もコーポレート・ガバナンスにおいて重要な役割を果たすことがあります。銀行は，非常に多くの企業と取引を行っており，また企業の決

済口座を保有することでキャッシュ・フローについての情報を入手できますから，経営者に対するモニタリングを行う能力が高いと考えられています。

次の【設例13−1】について考えてみましょう。

---【設例13−1】---

　ある大学の学生1,000人で，学園祭で占い屋を出すことにした。1人1,000円ずつ合計100万円お金を出し合い，さらに銀行10行から5万円ずつ計50万円を借りて，占いマシンやテーブルなどを購入した。1,000人の学生には，それぞれ1株ずつ株券を与えた。銀行には，学園祭終了後6万円ずつ計60万円を返済する約束をしている。この占い屋は，成功すれば280万円，失敗すれば40万円のキャッシュ・フローをあげると予想されている。経営者（株主の1人）が一生懸命やれば成功確率は80％になるが，一生懸命やらなければ成功確率は20％になる。ただし一生懸命やった場合には経営者は疲れてしまい，2,000円分の不満足が生じる。

経営者の期待収益を計算してみればわかりますが，【設例13−1】の場合も，適切なコーポレート・ガバナンスの仕組みが存在しなければ，経営者は一生懸命頑張ろうとせず，占い屋の成功確率は低くなってしまいます。

ここで，銀行が3,000円かけてモニタリングを行えば，経営者が一生懸命やっているかどうかを観察でき，一生懸命やっていなければ強制的に一生懸命やらせることができるとしましょう。この時，銀行は経営者の行動・態度に対するモニタリングを行うでしょうか。

この問題について考えるために，まずモニタリングを行った場合の銀行の期待収益を計算してみましょう。個々の銀行は占い屋が成功すれば6万円，失敗すれば4万円を回収することになりますから，モニタリングを行った場合の銀行の期待収益は次のように計算できます。

$$\frac{80}{100} \times 60,000 + \frac{20}{100} \times 40,000 - 3,000 = 53,000円$$

これに対して，モニタリングを行わなかった場合の銀行の期待収益は次のよう

に計算できます。

$$\frac{20}{100}\times 60{,}000+\frac{80}{100}\times 40{,}000＝44{,}000円$$

　このように,モニタリングを行った方が銀行の期待収益が高くなりますので,銀行は経営者が一生懸命頑張るかどうかをモニターし,有効なコーポレート・ガバナンスとして機能することになります。

　銀行がモニタリングを行うのは,占い屋が失敗した場合に4万円しか回収できないため,自らの期待収益を高めるためには3,000円のコストを負担してでもモニタリングを行い,成功確率を高めたいと考えるからです。

　しかも,企業が銀行から資金を借りる場合には,特定少数の銀行から借り入れることが多く,個々の銀行の貸し出し割合はそれほど小さくなりませんから,フリー・ライダー問題が生じる可能性は低いといえます。

　また,先に述べたように,銀行は多くの取引先を持ち,企業の決済口座を保有しているために低コストで経営者の行動をモニターできるという点も,銀行がモニタリング機能を果たす重要な理由となります。

　ただし,銀行が有効なモニタリング機能を果たすには,企業の自己資本比率がある程度低いことが前提になります。先の【設例13－1】で,占い屋の総借入額が30万円であったとしたら,この占い屋は失敗しても借り入れを全額返済できることになります。このような状況では,占い屋が成功しても失敗しても銀行は同じ金額を回収できますから,わざわざコストをかけてまでモニタリングを行うことはないと考えられます。

　実は日本では,高度成長期に企業が資金調達の大部分を銀行借入に依存していたこともあって,銀行がコーポレート・ガバナンスの中核的な役割を果たしてきたといわれています。特に日本の場合,銀行が企業の株式を保有することができ,役員を派遣するケースもあるため,経営者に対するモニタリングを効率的に行っていると考えられてきました。

　しかしながら高度成長期が終焉すると,特に大企業は銀行借入の依存度を低下させました。また1990年代に銀行が不良債権問題に苦しんだこともあり,

最近ではコーポレート・ガバナンスにおける銀行の重要性は低下していると考えられます。

第14章
デリバティブ

14. 1　デリバティブとは

　デリバティブという言葉を聞いたことはあるでしょうか。第Ⅰ部では，企業の一般的な財務活動を取り上げましたので，詳しい意味はわからないまでも，聞いたことのある専門用語も多かったものと思います。一方，デリバティブという用語はあまり馴染みがないかもしれません。デリバティブは，株式など元になる資産（原資産）をベースに派生してできた商品で，金融派生商品と訳されています。派生的な商品ですから，普段それほど耳にしないのも当たり前かもしれません。

　しかしながらデリバティブ取引は，企業にとって不可欠のものになっています。というのも，企業はデリバティブをうまく活用することで，リスクをヘッジ（回避）したり，有利な条件で資金調達を行うことができるからです。一方で，デリバティブにネガティブなイメージを持つ人もいると思います。というのも，金融機関や企業がデリバティブ取引で巨額の損失を出したというニュースが大きく報じられることがあるからです。また2008年のリーマン・ブラザーズ破綻を契機に生じた世界金融危機について，当時サブプライム・ローン関連のデリバティブ取引が多く行われていたために，金融危機が世界中に波及したと言われています。デリバティブは，企業にメリットをもたらす一方，危機を招くこともあり得るのです。

　一般にデリバティブは，先物，オプション，スワップの３種類に分けられま

す。先に述べたように，これらのデリバティブをうまく使えば，リスク・ヘッジや有利な条件での資本調達が可能になります。この章では，デリバティブの基本的な仕組みとその効果について説明します。また，使い方を誤ると，デリバティブ取引によって巨額の損失が出る可能性があることも，あわせて説明したいと思います。

14.2　先　物

　ある特定の商品を，あらかじめ決められた受渡日に，現在時点で取り決めた約定価格で取引することを約束する契約を先物取引といいます[1]。企業は先物取引をうまく活用することで，リスク・ヘッジをすることができます。この点を理解するために，次の設例について考えてみましょう。

┌─【設例14－1】─────────────────────────┐
　ある日本企業N社が，商品を海外に１ドルで輸出した。代金は３カ月後に受け取ることになっている（取引①）。契約時点では１ドル＝110円（現物）だった。
└──────────────────────────────────┘

　【設例14－1】で注意して欲しいのは，日本企業であるN社が，商品をドル建てで販売したということです（取引①）。この場合，代金として受け取るのはドルですが，N社は日本企業ですので，ドルをもらっても仕方ありません。このためN社は，代金１ドルを受取後，為替市場で円に交換することになります。
　しかし，ドルを円に換える際の為替レートは日々変わっていきます。契約時

---

[1]　先物取引とほぼ同じ取引に，先渡し取引という取引があります。両者の違いは，①先物が取引所で取引される市場取引であるのに対し，先渡取引は市場を通さず，相対取引で行われること，②先渡取引では，約束した時点で現物を受け渡すことが義務づけられるのに対し，先物取引では実在しない架空の証券，商品でも取引対象にできること，③先物取引では差金決済が採用されていること，などがあります。ただし商品の本質的な特性はまったく同じです。

点では1ドル＝110円ですから，日本円にして110円のキャッシュ・フローを得ることが期待されるわけですが，代金を受け取る3カ月後には円高が進んで，1ドル＝90円になっているかもしれません。この場合，Ｎ社の日本円でのキャッシュ・フローは契約時の予定より20円減ってしまうことになります。このようなリスクは為替レートの変動から生じるリスクですから，為替リスクと呼ばれています。

　もちろん，為替リスクは悪いことばかりではありません。3カ月後に円安になっていて，1ドル＝130円になったとしましょう。この場合，Ｎ社の日本円でのキャッシュ・フローは130円になりますから，契約時点での期待に比べて，キャッシュ・フローが20円増えることになります。このように，Ｎ社の日本円でのキャッシュ・フローは，3カ月後の為替レートによってかなり変わってきます。この状況は，図表14－1に示されています。

　さて，このように3カ月後の為替レートによって日本円でのキャッシュ・フローが変動してしまうことを，Ｎ社の経営者はどのように思うでしょうか。通常，経営者はリスク回避的で，キャッシュ・フローにリスクがあるのを嫌いますから，できれば日本円でのキャッシュ・フローを固定したいと考えるのが自

図表14－1　3カ月後の為替レートとＮ社の日本円での収入（取引①）

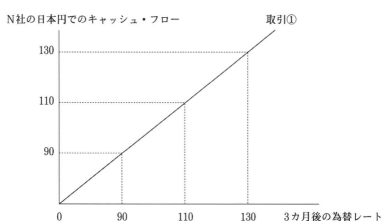

然でしょう。では，N社はどのようにすれば，為替リスクをヘッジし，日本円
でのキャッシュ・フローを固定できるのでしょうか？　これについて，次の
【設例14－2】の取引②を考えてみましょう。

─【設例14－2】─

　　【設例14－1】のN社について考える。現在の為替レート（現物）は1
　ドル110円だが，先物為替レート（3カ月）は1ドル＝100円になってい
　る。いまN社がBさんと先物取引を行い，3カ月後に1ドルを1ドル＝
　100円で売る契約をした（取引②）。

　先に説明したように，先物取引とは，ある特定の商品（原資産）を，あらか
じめ決められた受渡日に，現在時点で取り決めた約定価格で取引することを約
束する契約です。つまり【設例14－2】では，N社がBさんと，3カ月後に
1ドルを100円で売る（N社の1ドルをBさんの100円と交換する）約束をしたこと
になります。

　【設例14－1】で説明したように，N社は取引①によって，3カ月後に商品
の販売代金1ドルを受け取るのですが，3カ月後の為替レートによって日本円
でのキャッシュ・フローが変動するという為替リスクを負担していました。

　しかしながらいま，先物契約（取引②）を結び，3カ月後に，その1ドルを
Bさんの100円と交換する約束をしたわけですから，この時点でN社の3カ月
後のキャッシュ・フローは100円に固定されることになります。つまりN社
は，先物取引を用いることで，為替リスクをヘッジすることができたのです。

　これらの取引の構造を図表14－2のグラフを用いて，少し堅苦しく説明し
ましょう。先に説明したように，N社は取引①（商品を1ドルで販売）によって，
右上がりの直線で示されるキャッシュ・フロー（日本円）を得ます。つまり，
3カ月後の為替レートが90円になれば90円，130円になれば130円のキャッシュ・フローを得るのです。

　N社はこれに加えて，取引②（1ドルを100円で売る先物取引）をしました。先
物取引では，3カ月後に1ドル＝50円になろうと，1ドル＝150円になろう

図表14－2　３カ月後の為替レートとN社の利得（取引①＋②）

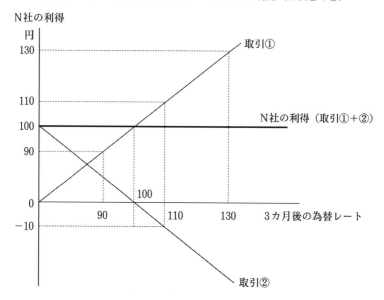

と，１ドルを110円で売るという約束は必ず実行しなければなりません。したがってN社は，取引②によって，図表14－2の右下がりの直線で表される利得を得ることになります。

　では，結局N社は，取引①と取引②をあわせて，いったいいくらの利得を得られるのでしょうか。これは，取引①のグラフと取引②のグラフを，タテ方向に足し合わせることで求めることができます。すると，取引①＋②のグラフで表されるように，切片が100円の水平な直線が描けることになります。このことは，N社が取引①と取引②を組み合わせることによって，３カ月後の為替レートと関係なく，３カ月後の利得を100円に固定できることを意味しているのです[2]。

---

(2)　タテ軸を y 軸，ヨコ軸を x 軸として，中学校の数学で習った表現を使えば，取引①のグラフは，$y_① = x$，取引②のグラフは $y_② = -x + 100$ となります。N社の最終的な利得のグラフは，これら２つの取引による収入（利得）の合計ですから，$y = y_① + y_② = x + (-x + 100) = 100$ となり，100円で固定されることがわかります。

　以上の説明から明らかなように，企業はデリバティブの一種である先物取引を用いることで，リスク・ヘッジを行うことができます。したがって輸出を行う企業にとっては，先物取引はリスク管理を行う上で不可欠の取引だといえます。

　ただし注意して欲しいのは，これまでの設例で出てきたN社は，商品の輸出取引と先物取引の両方を行っているという点です。仮に先物取引だけを行ったとすれば，利得は取引②のグラフとなり，為替レートが円安になると，大きな損失を出すことがわかります。つまり，先物取引そのものは，非常にリスクの高い取引なのです。

　なお，図表14-2のようなグラフは，利得図，ペイオフ図などと呼ばれます。デリバティブについて考える際には，利得図を使うと便利ですので，この名称も覚えておくとよいでしょう。

　それでは，先物取引を用いる取引例をもう一つ考えてみましょう。

【設例14-3】

　日本企業J社が，海外でドル建てのワラント債（満期3年，額面100ドル）を発行価格100ドルで発行した。ワラント債発行時点での為替レート（現物）は1ドル=110円だが，先物為替レート（3年）は1ドル=95円になっている。

　J社は日本企業ですから，本来は日本円を調達したいのですが，海外の方がワラント債の発行条件が有利なため，ドル建てでワラント債を発行したとします。1ドル=110円の時点でワラント債を100ドル発行したわけですから，日本円で11,000円調達したことになります。これに対して，3年後には，額面100ドルを償還することになります。

　ここで問題になるのは，3年後の為替レートによって日本円での償還額が変わってしまうということです（為替リスク）。言うまでもありませんが，3年後の為替レートが円高になって1ドル=90円になれば，9,000円の償還ですみますが，円安になって1ドル=130円になっていれば，13,000円を償還しなけれ

ばいけません。

　このような場合も，先物取引を行うことで，為替リスクをヘッジすることができます。【設例14－3】では，先物為替レート（3年）が1ドル＝95円ですから，いま先物取引を行っておけば，3年後に1ドルを95円で買う（95円と1ドルを交換する）約束をしておくことができます。そうすれば，3年後の為替レートがいくらになろうと，9,500円で額面償還に必要な100ドルを調達できるのです。この先物取引によって，額面償還額についての為替リスクをヘッジし，日本円での返済額を9,500円に固定できるのです。

　読者の中には，日本円での調達額（11,000円）よりも償還額（9,500円）の方が低くなっていることに気付いた人もいると思います。不思議な話ですが，実はこのような状況は，1980年代後半のバブル経済期に生じていました。バブル期の日本企業は，急激な株価上昇を背景に，低いクーポン・レートで転換社債・ワラント債を発行しましたが，当時は円高傾向にありましたので，【設例14－3】のように，先物為替レートも円高気味になることが一般的でした。このため，ワラント債などを海外で発行する際に，為替の先物取引を行っておくことで，日本円での額面償還額が調達額を下回ることがありました。さらにワラント債の場合はクーポン・レートも低いため，当時の日本企業はマイナスの金利を実現できたといわれています。

14.3　オプション

　ある特定の原資産をある一定期間内に，現在時点で取り決めた価格（行使価格）で取引する権利を売買する取引をオプション取引といいます。オプションはコール・オプションとプット・オプションに大別されます。コール・オプションは，原資産を一定の価格で買う権利を売買するものであり，プット・オプションは，原資産を一定の価格で売る権利を売買するものです。

　したがって，オプションでは，ある資産を買う権利を買った人（コールの買い手），ある資産を買う権利を売った人（コールの売り手 or 発行者），ある資産を

売る権利を買った人（プットの買い手），ある資産を売る権利を売った人（プットの売り手 or 発行者）といった登場人物が出てくることになります[3]。なお，オプションの買い手は売り手に対して，プレミアムと呼ばれる権利料を支払うことになります。

(1) コール・オプション

　最初に，コール・オプションについて説明します。先にも書きましたが，コール・オプションは，原資産を一定の価格で買う権利を売買するものです。では，次の【設例14－4】について考えてみましょう。

―【設例14－4】――――――――――――――――――――――――――
　　X社株の株価は現在300円である。企業Pは企業Qから，X社株についてのコール・オプション（行使価格350円，期間1年）を購入した。なおプレミアムは30円だった。
――――――――――――――――――――――――――――――――――

　【設例14－4】では，企業Pが企業Qから，X社株についてのコール・オプションを買ったわけですから，企業PはX社株を350円で買う権利を得たことになります。また企業Pは権利料として30円を支払うことになります。なお，先物取引の場合と違って，オプションでは「権利」を取引していますから，企業Pはこの権利を行使しても，行使しなくてもよいわけです。

　では，企業Pはどのような時にこの権利を行使して，どのような時に行使しないのでしょうか。最初に，X社の株価が300円の場合を考えます。このとき，企業Pは，X社株を350円で買う権利を行使するでしょうか？ 答えは明らかにノーです。株価が300円ということは，株式市場でX社株を買えば300円で済むわけですから，わざわざ350円で買うのは損になります。

　では，株価が400円になった場合はどうでしょうか？ この場合は，企業PはX社株を350円で買う権利を行使するでしょう。株価が400円ということは，

――――――――――――
(3) オプションでは，買い手のことをホルダー，売り手（発行者）のことをライターと呼ぶこともあります。

株式市場でＸ社株を売れば400円を得られることを意味します。このとき，コール・オプションを行使して，350円でＸ社株を購入し，すぐに株式市場で400円で売れば，50円の利益を得ることができるからです。

　したがって，企業Ｐは株価が350円を超えれば権利を行使し，「株価－350円」の利益を得ます。ただし，プレミアム（権利料）として30円を支払っていますから，そこまで考慮した企業Ｐの利得は「株価－380円」ということになります（マイナスの場合は損失）。

図表14－3　企業Ｐ（コール・オプションの買い手）の利得図

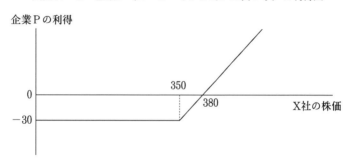

　逆に，企業Ｐは，株価が350円以下であれば権利を行使しません。ただしプレミアム（権利料）は支払っていますから，この場合，企業Ｐは30円の損失ということになります。以上から，企業Ｐの利得図は図表14－3のようになります。

　では，コール・オプションの売り手である企業Ｑの利得はどうなるでしょうか。企業Ｑは，プレミアム30円と引き換えに，企業ＰにＸ社株を350円で買う権利を与えたわけですから，企業Ｐが権利を行使する（Ｘ社株を350円で買う）と言ってくれば，Ｘ社株を350円で売る義務を負います。

　まず，Ｘ社の株価が300円になった場合を考えましょう。この場合，企業Ｐは権利を行使しませんから，企業Ｑは何もする必要がありません。したがって企業Ｑは，オプション料30円分の利益を得ることになります。

　次に，Ｘ社の株価が400円になった場合を考えましょう。この場合，企業Ｐは権利を行使しますから，企業ＱはＸ社株を350円で売らなければいけません。

ところが，X社株を株式市場で手に入れるには400円必要ですから，企業Qは50円の損失ということになります。ただし，30円のプレミアムを受け取っていることまで考えると，この場合の企業Qの損失は20円ということになります。

図表14－4　企業Q（コール・オプションの売り手）の利得図

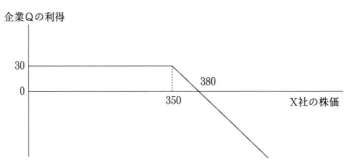

したがって，企業Qは，株価が350円を超えれば「380円－株価」の利得（マイナスの場合は損失）を得ます。逆に，株価が350円を下回れば，30円の利益を得ることになります。以上から，企業Qの利得図は図表14－4のようになります。

ここで，企業Pの利得図と企業Qの利得図をよく見比べてみて下さい。2つのグラフが横軸を挟んで対照的なグラフになっていることがわかると思います。つまり，X社の株価がある特定の値になった場合の企業Pの利得と企業Qの利得を足すと，必ずゼロになるのです。言い換えれば，オプションの買い手と売り手の間には，どちらかが利益を得れば，もう一方がその分損失を出すという関係があるのです。このような特徴の取引は，ゼロサム・ゲームと呼ばれています。

(2) プット・オプション

次に，プット・オプションについて説明します。プット・オプションとは，原資産を一定の価格で売る権利を売買するものです。次の【設例14－5】について考えてみましょう。

234 ———●

┌─【設例14－5】───────────────────────────────
│　　Ｙ社の株価は現在300円である。企業Ｒは企業Ｓから，Ｙ社株について
│　のプット・オプション（行使価格350円，期間１年）を購入した。なおプレ
│　ミアムは30円だった。
└──

　【設例14－5】では，企業Ｒが企業Ｓから，Ｙ社株についてのプット・オ
プションを買ったわけですから，企業ＲはＹ社株を350円で売る権利を得たこ
とになります。ただし企業Ｒは権利料として30円を支払うことになります。
では，企業Ｒはどのような時にこの権利を行使して，どのような時に行使しな
いのでしょうか。

　最初に，Ｙ社の株価が400円の場合を考えます。このとき企業Ｒは，Ｙ社株
を350円で売る権利を行使するでしょうか？　答えは明らかにノーです。株価
が400円ということは，株式市場でＹ社株を売れば400円得られるわけですか
ら，わざわざ350円で売るのは損になります。また，企業Ｒが権利を行使する
には，Ｙ社株を購入することが必要なわけですが，株価が400円ということ
は，株式市場でＹ社株を購入するには400円必要であることを意味します。こ
のとき，400円で購入したＹ社株を350円で売ってしまうと，50円損してしま
います。

　では，株価が300円になった場合はどうでしょうか？　この場合は，企業Ｒ
はＹ社株を350円で売る権利を行使するでしょう。株価が300円ということは，
株式市場では300円でＹ社株を購入できることを意味します。このとき，株式
市場でＹ社株を300円で購入し，すぐにプット・オプションを行使して，350
円でＹ社株を売却すれば50円の利益を得ることができるからです。

　したがって，企業Ｒは，株価が350円以下であれば権利を行使し，「350円－
株価」の利益を得ます（マイナスの場合は損失）。ただし，プレミアムとして30
円を支払っていますから，そこまで考慮した企業Ｒの利得は「320円－株価」
ということになります（マイナスの場合は損失）。

　逆に，企業Ｒは，株価が350円を超えれば権利を行使しません。ただしプレ

図表14－5　企業R（プットの買い手）の利得図

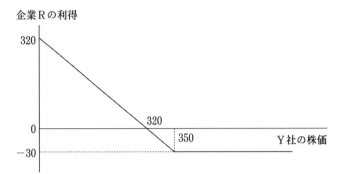

ミアムを支払っていますから，この場合，企業Rは30円の損失ということになります。以上より，企業Rの利得図は図表14－5のようになります。

　では，プット・オプションの売り手である企業Sの利得はどうなるでしょうか。企業Sは，プレミアム30円と引き換えに，企業RにY社株を350円で売る権利を与えたわけですから，企業Rが権利を行使する（Y社株を350円で売る）と言ってくれば，Y社株を350円で買い取る義務を負います。

　まず，Y社の株価が400円になった場合を考えましょう。この場合，企業Rは権利を行使しませんから，企業Sは何もする必要がありません。したがって企業Sは，プレミアム30円分の利益を得ることになります。

　次に，Y社の株価が300円になった場合を考えましょう。この場合，企業Rは権利を行使しますから，企業SはY社株を350円で買いとらなければいけません。ところが，Y社株を株式市場で売却しても300円しか得られませんから，企業Sは50円の損失ということになります。ただし，30円のプレミアムを受け取っていることまで考えると，この場合の企業Sの損失は20円ということになります。

　したがって，企業Sは，株価が350円を超えれば30円の利益を得ることになります。逆に，株価が350円を下回れば，「株価－320円」の利益（マイナスの場合は損失）を出すことになります。以上から，企業Sの利得図は図表14－6のようになります。

図表14－6　企業Ｓ（プットの売り手）の利得図

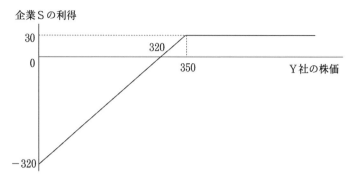

(3) オプションを用いたリスク・ヘッジ

　これまで，オプション取引について説明してきましたが，オプションも先物同様に，リスク・ヘッジの手段として利用することができます。この点について，【設例14－6】を用いて考えてみましょう。

―【設例14－6】―――
　日本企業Ｚ社が商品を海外に１ドルで輸出した。代金は３カ月後に受け取ることになっている（取引①）。契約時点では，１ドル＝110円であった。Ｚ社は，ドルを対象としたプット・オプション（行使価格１ドル＝105円，期間３カ月）を購入した（取引②）。なお，プレミアムは10円であった。

　読者の中には，【設例14－6】のＺ社が，【設例14－1】，【設例14－2】のＮ社と同じ為替リスクに直面していることに気付いた人もいるでしょう。違うのは，【設例14－6】のＺ社の場合，先物取引ではなく，オプション取引を行っている点だけです。では，Ｚ社の利得図はどのようになるでしょうか。

　Ｚ社は３カ月後に商品代金１ドルを得て，日本円に換えます。ここで，Ｚ社は行使価格１ドル＝105円のプット・オプションを購入していますから，１ドルを105円で売る（１ドルを105円と交換する）権利を持っています。もし３カ月後の為替レートが１ドル＝105円よりも円高になれば，オプションを行使し

て，商品代金 1 ドルを105円と交換するでしょう。ただし，プレミアムを10円
支払っていますので，そこまで考慮した利得は95円になります。

　逆に， 1 ドル＝105円よりも円安になれば，オプションを行使せず，そのま
ま為替市場で 1 ドルを円に交換した方が，日本円での利得を大きくすることが
できます。例えば， 1 ドル＝130円になっていれば，オプションを行使せずに
為替市場で 1 ドルを売れば，130円を手に入れることができます。ただし，プ
レミアムを10円支払っていますので，そこまで考慮した利得は120円となりま
す。以上より，企業Zの利得図は図表14− 7 のようになります。

　なお，先物についての説明で述べたように，取引①，取引②の利得図をそれ
ぞれ作成し， 2 つのグラフをタテ方向に足すことでも，図表14− 7 の利得図
を描くことができます。

　図表14− 7 の取引①のグラフは，先物取引についての図表14− 1 で出てき
たグラフと同じで，輸出取引のみによる利得を表しています。取引②のグラフ
は， 1 ドルを105円で売るプット・オプションの買いによる利得図を表してい
ます。 3 カ月後に 1 ドル＝105円より円安になれば，Z社はオプションを行使
しませんので，プレミアム分だけ損を出し，利得は−10円になります。これ
に対して， 3 カ月後に 1 ドル＝105円より円高になれば，オプションを行使

図表14− 7 　 3 カ月後の為替レートとＺ社の利得

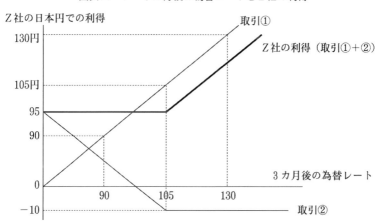

238 ———— ●

し，プレミアムを入れて，「95円－為替レート（円／ドル）」の利得を得ることになります（マイナスの場合は損失）。

これらの取引①，②のグラフをタテ方向に合計すれば，図表14－7の太いグラフを出すことができます。これが，Ｚ社が取引全体から得る最終的な利得となります[4]。

この利得図をみるとわかるように，Ｚ社は輸出取引に加えてオプション取引を行うことで，最低でも95円の利得を確保しています。これは，為替レートが円高になることによる利得の減少を一定の範囲に抑えていることを意味し，リスク・ヘッジが行われていることになります。その一方で，為替レートが円安になった場合には，円安による利得を享受できるようになっています。

ここで，前の節で説明した，先物を用いた為替リスク・ヘッジとオプションを用いたリスク・ヘッジを比較してみましょう。先物を用いたリスク・ヘッジでは，為替レートに関係なく利得が一定になっていましたが，オプションを用いた為替リスクのヘッジでは，最低利得を確定しておく一方で，円安による利得は享受するという特徴があります。ただし，オプションを用いたリスク・ヘッジには，プレミアムというコスト負担がかかっていることに注意する必要があります。

(4) デリバティブを組み合わせた商品

これまで，代表的なデリバティブ取引である先物，オプションの基本的な仕組みについて説明してきました。実は，現実にデリバティブ取引を行う場合には，必ずしも今まで説明した先物，オプションを単独で取引するわけではありません。

---

[4] 1ドル≦105円の範囲では，取引①の利得図は $y_① = x$，取引②の利得図は $y_② = -x + 95$ となるので，両者を合計すると，$y = y_① + y_② = 95$ となります。一方，1ドル>105円の範囲では，取引①の利得図は $y_① = x$，取引②の利得図は $y_② = -10$ となるので，両者を合計すると，$y = y_① + y_② = x - 10$ となります。なお，1ドル>105円の範囲では，取引②の利得が-10円で一定なので，取引①のグラフを下方向に10円分スライドさせると考えてもよいです。

　というのも，オプションと先物を組み合わせたり，コール・オプションとプット・オプションを組み合わせることによって，多種多様な金融商品を作ることができるからです。現実にデリバティブ取引を行う場合には，デリバティブ同士を組み合わせることで，自分の好みに合った金融商品を作ることが珍しくないようです。

　この点について理解するために，【設例14－7】について考えてみましょう。

―【設例14－7】――――――――――――――――――――――――――

　K社株の株価は現在300円である。企業Mは企業Nから，K社株についてのコール・オプション（行使価格350円，期間1年）とプット・オプション（行使価格350円，期間1年）の両方を購入した。なおプレミアムはともに30円であった。

　【設例14－7】のように，コール・オプションとプット・オプションを同時に購入することによってできる商品はストラドルと呼ばれます。では，ストラドルの利得図はどのようになるのでしょうか。これについては，今までと同様に，コール・オプションの買いによる利得図，プット・オプションの買いによる利得図をそれぞれ書き，2つの利得図をタテ方向に足し合わせることで，両者をあわせた利得図を書くことができます。

　中学校の数学でお馴染みの (x, y) 座標を用いた表現を使うと，K社株価 $\leqq$ 350円の範囲では，コール・オプションの買いによる利得図は，$y_{\text{call}} = -30$，プット・オプションの買いによる利得図は $y_{\text{put}} = -x + 320$ となりますので，両者を合わせた利得は，

$$y = y_{\text{call}} + y_{\text{put}} = -30 + (-x + 320) = -x + 290$$

というグラフになります[5]。

――――――――――――――――――――――――――――――――――

(5)　コール・オプションの買いによる利得が－30円で一定なので，プット・オプションの買いによる利得図を30円分下方に平行移動すると考えてもよいです。

図表14－8　ストラドルによる企業Mの利得図

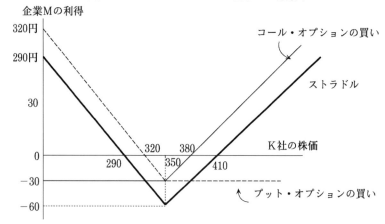

　一方，K社株価＞350円の範囲では，コール・オプションの買いによる利得図は，$y_{call}=x-380$，プット・オプションの買いによる利得図は$y_{put}=-30$となりますので，両者を合わせた利得は，

$$y=y_{call}+y_{put}=x-380-30=x-410$$

というグラフになります[6]。

　以上より，図表14－8の太い線で表された利得図が描かれることになります。これをみると，企業Mは，K社の株価が290円から410円の範囲に入らなければ利益を得る一方，この範囲に入れば損失を出すことがわかります。その意味では，K社の株価がオプション行使期間に290円から410円の範囲に入るかどうか，賭けをしている状態だといえます。もっとも，損失は最大で60円に抑えられている一方で，利益は無限大になる可能性もあるという取引になっています。

_____

[6]　プット・オプションの買いによる利得が－30円で一定なので，コール・オプションの買いによる利得図を30円分下方に平行移動すると考えてもよいです。

14.4　スワップ

　最後に，スワップについて説明しましょう。スワップとは，数期間にわたって発生するキャッシュ・フローを契約者間で交換する取引です。この点について理解するために，【設例14－8】について考えてみましょう。

【設例14－8】

　Ｖ社とＷ社があり，Ｖ社は日本円を，Ｗ社は米ドルを普通社債発行で調達したいと考えている。Ｖ社は日本より米国で評判が高く，日本で円建てで社債発行する場合の金利は10％，米国でドル建てで社債発行する場合の金利は6％である。一方Ｗ社は米国より日本で評判が高く，日本で円建てで社債発行する場合の金利は3％，米国でドル建てで社債発行する場合の金利は9％である。

　【設例14－8】では，Ｖ社とＷ社が似たような問題に直面しています。つまり，両企業とも，調達したい通貨で社債を発行するよりも，別の通貨で社債を発行した方が有利な条件（低い金利）で資金調達できるということです。もし，Ｖ社が日本で円建て普通社債を発行すれば10％の金利を支払い，Ｗ社が米国でドル建て普通社債を発行すれば，9％の金利を支払うことになります。

　このとき，次のようなスワップ取引を行うことで，両者ともより有利な条件で資金調達できます。つまり，Ｖ社が米国でドル建て普通社債を発行して調達資金をＷ社に渡し，Ｗ社は日本で円建て普通社債を発行して調達資金をＶ社に渡すのです。言い換えれば，Ｖ社とＷ社が，それぞれ相手の欲しがっている通貨で普通社債を発行し，調達資金を交換しあうのです。

　調達資金を交換しあった以上，金利の支払いも当然交換しあうことになります。つまり，Ｖ社はＷ社発行の普通社債の金利3％を日本円でＷ社に支払い，それをＷ社が日本の投資家に支払います。逆にＷ社はＶ社発行の普通社債の金利6％を米ドルでＶ社に支払い，それをＶ社が米国の投資家に支払うことにな

242 ————●

ります。

この結果，Ｖ社は金利３％で日本円を調達でき，Ｗ社は金利６％で米ドルを
調達できることになります。つまり，スワップ取引によって，Ｖ社は７％，Ｗ
社は３％だけ金利を節約できるのです。

なお，図表14－９に示されているように，通常はＶ社とＷ社が直接スワッ
プ取引を行うのでなく，銀行などの金融機関が両社の間に入り，取引の仲介を
行うのが一般的です。それによって銀行は仲介手数料を得ることになります。

図表14－9　Ｖ社とＷ社のスワップ取引

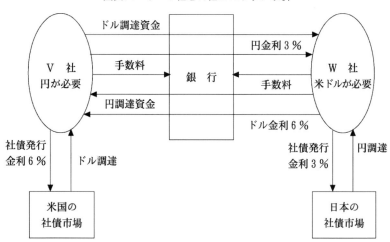

【演習問題】

14－1　Ｋ社株の株価は現在300円である。Ｐ社はＫ社株についてのコール・
オプション（行使価格350円，期間１年，プレミアム20円）とプット・オプショ
ン（行使価格300円，期間１年，プレミアム40円）の両方を売却した。これはシ
ョート・ストラングルと呼ばれ，ベアリングス社（イギリスの名門銀行）が倒
産する原因となった投資戦略である。このショート・ストラングルの利得図
を書きなさい。

索　引

《著者紹介》

内田交謹（うちだ・こうなり）

　1970年　福岡県生まれ
　1998年　九州大学大学院経済学研究科博士課程単位取得退学
　1998年　北九州大学（現 北九州市立大学）専任講師
　2001年　北九州市立大学助教授
　2001年　博士（経済学）取得
　2008年　九州大学准教授
　2014年　九州大学教授

主要著書・論文

『企業財務の機能と変容（第二版)』創成社，2003年。

Corporate Governance and Global Financial Crisis, Cambridge University Press, 2011（共著）。

Corporate Governance in Emerging Markets, Springer, 2014（共著）。

Shareholder composition and managerial compensation, *Journal of Financial and Quantitative Analysis*, Vol. 51, 2016, pp. 1719-1738.

Accounts payable and firm value: International evidence, *Journal of Banking and Finance*, Vol. 102, 2019, pp.116-137.

Are future capital gain opportunities important in the market for corporate control? Evidence from China, *Journal of Corporate Finance*, Vol.63, 2020.

（検印省略）

2004年4月10日　初版発行
2009年4月10日　改訂版発行
2021年7月10日　第三版発行　　　　　　　　　　略称―すらすら

すらすら読めて奥までわかる
コーポレート・ファイナンス［第三版］

　　　　　著　者　内　田　交　謹
　　　　　発行者　塚　田　尚　寛

　発行所　東京都文京区　　株式会社　創 成 社
　　　　　春日2-13-1

　　　　電　話 03（3868）3867　　FAX 03（5802）6802
　　　　出版部 03（3868）3857　　FAX 03（5802）6801
　　　　http://www.books-sosei.com　　振 替 00150-9-191261

定価はカバーに表示してあります。

©2004, 2021 Konari Uchida　　組版：でーた工房　印刷：エーヴィスシステムズ
ISBN978-4-7944-2585-0 C3034　　製本：エーヴィスシステムズ
Printed in Japan　　　　　　　　落丁・乱丁本はお取り替えいたします。